公路地质灾害危险性评价及防治决策支持系统研究

张俊峰 著

中国水利水电出版社
www.waterpub.com.cn
·北京·

内 容 提 要

目前，影响公路设计测设水平和效率的重要因素是没有突破传统的设计模式和方法，技术含量有限，在原始设计参数拟定、路线方案选择、设计成果评价与优化等方面，还缺乏对设计者人机交互式的适时决策支持。本书以公路选线中地质灾害危险性评价及防治决策支持为重点，紧密结合我国公路规划、设计、建设实际，引入 GIS 的有关理论、方法和技术分析手段，利用其空间分析功能，通过理论分析、模型建立与影响因子选定、数据库开发、应用程序设计等步骤，建立了基于微观和宏观层面的分析应用方法，可为公路可行性研究中的路线方案选定提供有效的决策支持。

本书可供从事岩土工程教学、设计和科研工作的人员阅读，亦可作为高校师生的参考用书。

图书在版编目（CIP）数据

公路地质灾害危险性评价及防治决策支持系统研究 / 张俊峰著. -- 北京 : 中国水利水电出版社，2017.5
ISBN 978-7-5170-5389-7

Ⅰ. ①公… Ⅱ. ①张… Ⅲ. ①道路工程－地质灾害－评价②道路工程－地质灾害－灾害防治 Ⅳ. ①U418.5

中国版本图书馆CIP数据核字(2017)第105363号

书　　　名	**公路地质灾害危险性评价及防治决策支持系统研究** GONGLU DIZHI ZAIHAI WEIXIANXING PINGJIA JI FANGZHI JUECE ZHICHI XITONG YANJIU
作　　　者	张俊峰　著
出版发行	中国水利水电出版社 （北京市海淀区玉渊潭南路 1 号 D 座　100038） 网址：www.waterpub.com.cn E-mail：sales@waterpub.com.cn 电话：(010) 68367658（营销中心）
经　　　售	北京科水图书销售中心（零售） 电话：(010) 88383994、63202643、68545874 全国各地新华书店和相关出版物销售网点
排　　　版	中国水利水电出版社微机排版中心
印　　　刷	北京市密东印刷有限公司
规　　　格	170mm×240mm　16 开本　9.75 印张　166 千字
版　　　次	2017 年 5 月第 1 版　2017 年 5 月第 1 次印刷
定　　　价	**38.00 元**

前　言

　　天山公路独山子—库车段（以下简称独库段）是国道217线的重要组成部分，全长532km，1983年9月建成通车。几十年来由于受其特殊的地理与气候条件影响，积雪、雪崩、水毁、崩塌、泥石流、冻土等公路地质病害时有发生，对天山公路的交通构成了严重的威胁。要解决公路可行性研究、公路路线方案选定问题时，涉及工程、环境、经济等因素，而空间多目标决策又对公路投资综合效益有很大影响，必须从理论依据、决策方法、数据采集、空间模型分析、支撑平台及"3S"技术集成上进行深入探索。

　　本书是基于西部交通建设科技项目"天山公路工程地质病害研究"之"国道217线独山子—库车段（天山公路）沿线遥感信息提取与公路建设地理信息系统研制"项目成果，旨在服务于西部交通建设规划，为天山公路建设提供评价决策支持并对沿线地质灾害进行调查和对策研究，主要实现GIS的基本功能、地质灾害宏观评价和微观评价及灾害的防治决策。在详细分析天山公路地质灾害原理的基础上，收集独库段已有的基础地理、地学等资料，对照实地工作和遥感成果，结合GIS、空间数据库及遥感图像处理，按数据库规则进行相应的综合、整理、筛选、归纳及转换，建立完善以ArcGIS为数据平台的基础地理数据库和地质灾害数据库，并基于ArcEngine平台，开发一套集基础数据的采集、存储、管理、检索、图形编辑、空间模型分析、灾害危险度评价及防治决策支持为一体的"公路地质灾害危险性评价与决策GIS系统"，实现对空间数据库的管理、查询、分析等功能，同时集成地质灾害预测及防治专家数据库，为天山公路地质灾害预测及防治提供了操作分析平台。

本书由华北水利水电大学张俊峰负责全书的总体设计、组织、审核及定稿工作，华北水利水电大学的李虎、高长征、沈燕负责部分章节的编写和整理工作。

本书由河南省基础与前沿技术研究项目（162300410195）资助，同时，在编写过程中广泛参阅了国内外该领域的有关论文、论著、研究报告和网络资源，在此一并表示感谢。

公路地质灾害危险性评价及决策支持研究隶属于多学科交叉融合领域，鉴于作者的知识水平有限，书中难免有不当之处，敬请读者不吝指正。

作者

2017 年 3 月

目　录

Contents

第1章 绪 论

1.1 研究意义

天山公路独山子—库车段（以下简称独库段）是国道 217 线的重要组成部分，全长 532km。公路于 1973 年由工程兵部队建设，1983 年 9 月建成通车。天山公路计划全线改造为二级公路，成为新疆"二纵三横"公路主骨架的重要组成部分和一条非常重要的国防公路。天山公路以最短距离连接南北疆、连接准噶尔盆地和塔里木盆地，公路的建成对新疆的经济和社会发展具有重要的作用。

天山公路沿线示意图如图 1.1 所示。

然而，几十年来由于受其特殊的地理与气候条件影响，积雪、雪崩、水毁、崩塌、泥石流、冻土等公路地质病害常常在这里发生，被全国公路界称为"公路病害博物馆"，对天山公路的交通构成了严重的威胁。因此借助于先进的地理信息系统（Geographic Information System，GIS）手段，构建基于 GIS 的地质病害综合数据库，建立一套适合于天山公路地质灾害独特的危险性评价指标体系和防治决策方案，并基于 GIS 平台开发一套适用于天山公路的"地质灾害危险性评价和防治决策支持系统"就显得尤其重要。

基于以上情况，本书中的研究利用强大的 ArcEngine 平台，构建了一套集基础数据采集、存储、管理、检索、图形编辑、空间模型分析、灾害危险性评价及成果输出为一体"天山公路地质灾害危险性评价与防治决策系统"。系统收集独库公路沿线已有基础

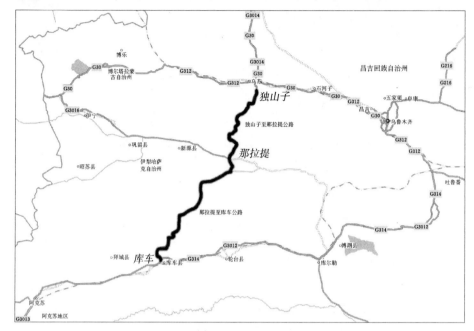

图 1.1 天山公路沿线示意图

地理、地学等资料，对照实地工作成果和遥感成果，按数据库规则进行相应的综合、整理、筛选、归纳及转换，建立起以 ArcGIS 为平台的基础地理数据库和地质灾害数据库，为天山公路沿线危险性评价、地质灾害防治决策提供数据支持。

本书中研究的信息化成果不但集成了天山公路已有的所有地质灾害信息数据和相关研究算法，而且根据天山公路实际情况将多种数据模型与灾害的评价决策进行结合，为天山公路地质灾害评价与决策支持提供了信息操作平台。同时，本书对天山公路地质病害的进一步研究和公路修建后的维护具有十分重要的理论及现实意义，且对于今后类似工作的开展，具有一定的指导和借鉴意义。

1.2 国内外研究现状

20世纪60年代以前，灾害研究主要局限于灾害机理及预测研究，重点调查分析灾害形成条件与活动过程。20 世纪 70 年代以后，随着自然灾害破坏损失的急剧增加，促使人类把减灾工作提高到前所未有的程度。一些发达国家首先拓宽了灾害研究领域，在继续深入研究灾害机理的同时，开始进行灾害评估工作。1971年，Hewitt 和 Burton 提出了"一地多灾"的研究计划（all-hazards-at-a-place），并把它应用于英国的伦敦和加拿大的安大略。这一技术路线要求对这一地区的破坏性事件的所有类型（spectrum of types of damaging events）及其相互关系进行描述，要求分析每个灾种的特征项有强度（magnitude）、轮回周期（return period）和过去的损失记录（past damage record），然而未能最终做出多种的综合危险图。

瑞士在 1979 年就颁布了《联邦政府土地管理法》，法律第 22条规定："各州需要调查并确定处于自然动力严重威胁的土地范围"，各州以联邦政府法律为依据制定了相应的州政府法律；如沃州制定的《土地管理法》第 89 条规定："受自然灾害，如雪崩、滑坡、崩塌、洪水威胁的土地，在未得到专家评估，充分论证或危险性排除之前，禁止在灾害危险区进行任何建筑活动。"

20 世纪 80 年代，众多学者从灾害成因机理、分异规律、致灾过程方面进行了深入的讨论，特别是就灾害的三要素（孕育环境、致灾因子和承灾体）关系的分歧讨论和研究，发展和完善了灾害学理论。

1965 年，Garrison W I 首先提出了"地理信息系统"，20 世纪80 年代后期到 90 年代，GIS 大量应用于地质灾害，国外尤其发达国家将 GIS 应用于地质灾害研究方面做了很多工作。如 1997 年，加拿大的 Davis T J 和 Keller C P 开展了基于 GIS 模糊分类方法和可视化技术虚拟真实再现滑坡形态。

从 20 世纪 90 年代起，围绕国际减灾 10 年计划行动，北美洲欧洲许多国家在原地质灾害危险性分区研究的基础上，开展地质灾害危险性与土地使用立法的风险评估研究，把原来单纯的地质灾害危险性研究拓宽到了综合减灾效益方面的系统研究。1991 年，联合国国际减灾十年科技委员会提出了《国际减轻自然灾害十年的灾害预防、减少、减轻和环境保护纲要方案与目标》。在灾害评估规划中提出："各个国家对自然灾害进行评估，即评估危险性和脆弱性。主要包括：①具有危害性的灾害类型；②对每一种灾害威胁的地理分布和发生间隔及影响程度进行评估；③评估最重要的人口和资源集中点的易灾性。"把灾害危险性评估纳入实现减灾目标的重要措施。1996 年 6 月，在德国召开的第八次国际防灾会设有专题"灾害的危险性和不确定性评估"。地质灾害危险性评估目前成为国内外灾害科学研究的热点之一，也是灾害预测预报和减灾防灾工作的主要内容。

目前，国外关于地质灾害研究多集中在模型的建立和计算机实现上，如"3S"在地质灾害的监控与可视化、数字减灾系统（Digital Disaster Reduction System，DDRS）等方面的应用。DDRS 是利用遥感技术（Remote Sensing，RS）、全球定位系统（Global Position System，GPS）、地理信息系统（Geographic Information System，GIS）和计算机网络技术，用数学和物理模型来数字仿真，模拟灾害发生传播的全过程。

中国对灾害研究历史久远，但早期的灾害研究主要局限于灾害事件现象和破坏损失情况的统计描述。20 世纪 80 年代以后，随着灾害对社会经济影响的日益严重和国际灾害研究的迅速发展，中国灾害评估研究得到蓬勃发展，但尚未形成独立的学科体系。20 世纪 80 年代以前，地质灾害研究主要局限于对灾害分布规律、形成机理、趋势预测等方面的分析，基本依附于水文地质、工程地质和有关的研究工作。20 世纪 80 年代以后，地质灾害研究开始突破传统的研究模式，研究水平不断提高，研究内容日益丰富，开始向新的独立学科发展，随之，灾害危险性评估开始起步。1992—1994 年由国家计划委员会国土司和地质矿产部地质环境管理司共同组织的全国地质灾害现状调查，对全国地质灾害损失程度和分布情况进行了估算评估；张业成等在对中国近 40 年地质灾害灾情分析的基础上，运用层次分析法分析评估了中国地质灾害的危害程度，进行了全国范围的危险性区划；刘希林等根据大量调查统计资料、提出了判断泥石流危险程度和评估泥石流泛滥堆积范围的方法；胡瑞林等将计算机技术应用于地质灾害评估，初步提出了地质灾害评估的计算机模型预测系统与应用方法。陈情来运用模糊综合评判方法对崩塌、滑坡、泥石流等地质灾害进行了危险性评估，确定了不同因子活动强度和控制判别标准，划分建设项目地质灾害等级；张业成等建立地质灾害风险评估，涉及危险性评估和易损性评估，提出多层次地质灾害评估体系。虽然取得了很多的成就，但都是基于一般的平原地区或普通山区，对于新疆天山这种高寒、高海拔地区的地质灾害评估工作做得很少，对整个建设用地地质灾害的综合评估方面的论文、文献更是寥寥无几。

　　中国在地理信息系统方面的工作起步较晚，但很快应用于地质灾害方面的研究。如潘耀忠、史培军提出了应用 GIS 技术划分不同空间尺度下基本单元，解决了区域自然灾害研究中以自然单元为基础的数据与以行政单元数据相匹配的问题。目前，"3S" 技术为地质灾害系统复杂性研究提供了一条新途径。"3S" 技术在数据采集与更新、空间检索与查询、信息的时空分析与可视和信息共享与输出等方面表现了其强大的应用优势，能够充分解决地质灾害系统多层次与相互关联性、动态开放性、社会经济性和非线性叠加等地质灾害系统存在意义上的复杂性问题，同时也为系统演化复杂性问题的解决提供基础。此外 "3S" 技术在灾害发生速率的动态模拟计算、灾害的风险性评价、灾害的时空预测预警、灾害的辅助决策以及灾害的形态虚拟现实技术等方面应用研究的进展和突破，再加上相关学科理论及技术的发展，必将为地质灾害系统复杂性问题的解决提供良好的条件。可以看出地质灾害的研究已经趋向于定量化、可视化。但是与发达国家相比，无论是系统技术水平还是实际应用情况都有一定的差距。

1.3 研究内容与技术路线

1.3.1 研究内容

本书中的研究从宏观和微观角度对灾害体的危险度进行评价，并对单体灾害点的防治进行决策支持。宏观评价主要是通过对已知样本的处理来推出未知区域的危险性等级，可以看作是区域危险性评价；而微观评价则是针对单体灾害（如滑坡、泥石流、水毁），由用户直接输入相关参数得到危险性等级，不需要已知样本；对于危险度较高区域，通过决策支持模块得到应该采取的治理方案。

具体来说，主要包括以下三方面的内容：

（1）地质灾害危险性宏观评价。

1）根据天山公路沿线区域的实际地质地貌情况，利用主成分分析方法提炼评价因素指标。

2）建立指标体系编辑器，对所需的定性描述性信息进行量化。

3）稳定性评价模型的选定和算法优化。

4）对评价因素图层进行处理并叠加，提取已知样本和未知样本，建立相应的数据库，供模型调用。

5）运用模糊综合评判、多元回归、信息量法对公路沿线进行地质灾害危险性评价。

6）评价结果的直观显示。

（2）单体微观评价及决策支持。

1）对单体灾害地形地貌等因素进行采集和整理。

2）建立专家知识库和模型库。

3）分灾害类型（泥石流、水毁、斜坡）调用相应的评价模型对灾害点危险度进行计算并分级。

（3）决策支持系统。

1）选择评价模型以及方法模型，建立模型库和方法库。

2）收集决策方案以及相关数据，建立知识库和数据库。

3）根据输入参数，计算危险度，根据危险度，调用专家知识库进行决策支持。

1.3.2　技术路线

研究技术路线如图 1.2 所示。

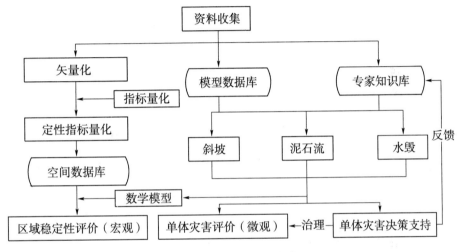

图 1.2　研究技术路线

第 2 章　系 统 关 键 技 术 研 究

2.1　组件式 GIS 二次开发理论

2.1.1　GIS 二次开发的三种实现方式

应用型 GIS 系统多种多样、形式各异，但是从开发实现的角度考虑，基本上可以概括为三种形式：独立开发、宏语言开发和集成二次开发。

2.1.1.1　独立开发

独立开发是指不依赖于任何 GIS 工具软件，从空间数据的采集、编辑到数据的处理分析及结果的输出，所有的算法都由开发者独立设计，然后选用某种程序设计语言（如 Visual C++、Delphi 等），在一定的操作系统平台上编程实现。这种方式的好处在于：无须依赖任何商业 GIS 工具软件，可减少开发成本。但对于大多数开发者来说，能力、时间、财力方面的限制使其开发出来的产品很难在功能上与商业化的 GIS 工具软件相比。

2.1.1.2　宏语言开发

宏语言开发指完全借助于 GIS 工具软件提供的开发语言进行应用系统开发。当前大多数 GIS 平台软件都提供了可供用户进行二次开发的脚本语言，如美国环境系统研究所（ESRI）的 ArcInfo 提供了 AML 语言、ArcView 提供了 Avenue 语言、MapInfo 公司的 MapInfo Professional 提供了 MapBasic 语言等。用户可以利用这些脚本语言，以原 GIS 软件为开发平台，开发出自己的针对不同应用对象的应用程序。这种方式虽然省时省心，但进行二次开发的脚本语言作为一种编程语言，其功能极弱，用它们来开发应用程序仍然不尽如人意，且所开发的系统不能脱离 GIS 平台软件，是解释执行的，效率不高。例如，MapBasic 是在 MapInfo 平台上开发用户定制的应用程序的编程语言。通过使用 MapBasic 进行二次开发，能够实现 MapInfo 功能，实现程序的自动重复操作并使 MapInfo 与其他应用软件集成。用户用程序代码可在应用软件中实现图层叠加，且具备一定的地图功能。MapBasic 程序可用于诸如 Visual Basic、C++、PowerBuilder 和 Delphi 等语言编写的应用软件集成，是一种结构与 Basic 语言相似的语言，程序员可以使用该语言根据用户的需求开发出特定地图信息系统应用软件包。但是二次开发的宏语言，作为编程语言功能非常有限，并且用二次宏语言开发出来的软件包在运行环境上也很受限，因为它脱离不了它本身的开发平台，比如用 MapBasic 语言开发的软件在没有安装 MapInfo 软件的机器上是不能运行的，这也阻碍了它的发展和推广。

2.1.1.3 集成二次开发

集成二次开发是指利用专业的 GIS 组件实现 GIS 的基本功能，以基于通用软件开发工具，尤其是可视化开发工具，如 Delphi、Visual C++、Visual Basic、Power Builder、Visual Studio. net 等作为开发平台，进行二次开发。

集成二次开发目前主要有以下两种方式：

（1）第一种：OLE/DDE 方式。这是一种采用 OLE Automation 技术或利用 DDE（动态数据交换）技术，用软件开发工具开发前台可执行应用程序，以 OLE 自动化方式或 DDE 方式启动 GIS 软件在后台执行，利用回调技术动态获取其返回信息，实现应用程序中的地理信息处理功能。

（2）第二种：GIS 组件。利用 GIS 工具软件生产厂家提供，建立在 OCX 技术基础上的 GIS 功能控件，如 ESRI 的 ArcEngine，MapInfo 公司的 MapX、MapXtreme，InterGraph 的 GeoMedia，

北京超图的 SuperMap 等，在 Visual Basic 等编程工具编写的应用程序中，直接将 GIS 功能嵌入其中，利用其组件进行二次开发，实现地理信息系统的各种功能。

2.1.2　三种实现方式的分析与对比

独立开发方式的科研力量和开发费用投入较高，适于开发商业 GIS 平台软件，对于面向实用的小系统不实际，难度太大；单纯二次开发受 GIS 工具提供的编程语言的限制难以满足要求；集成二次开发方式既可以充分利用 GIS 工具软件对空间数据库的管理、分析功能，又可以利用其他可视化开发语言具有的高效、方便等编程优点，集二者之所长，不仅能大大提高应用系统的开发效率，而且使用可视化软件开发工具开发出来的应用程序具有更好的外观效果，更强大的数据库功能，可靠性好、易于移植、便于维护。尤其是使用 OCX 技术利用 GIS 功能组件进行集成开发，更能表现出这些优势。组件式地理信息系统开发完全摆脱了基于开发平台的 GIS 开发模式，用户可以开发自己的、完全个性化的 GIS。由于上述优点，集成二次开发正成为应用 GIS 开发的主流方向。

2.1.3　ArcEngine 组件式 GIS 开发平台

本书中系统采用 ESRI 的 ArcEngine 为开发平台，采用先进的系统设计方法，基于 . NET 组件式技术进行开发，提供不同层次的解决方案，可以全面满足不同层次 GIS 用户的应用需要。

ArcGIS 是 ESRI 在继承已有的成熟技术的基础上，整合了 GIS 与数据库、软件工程、人工智能、网络技术及其他多方面的计算机主流技术，成功开发出的新一代 GIS 平台。ArcGIS 的策略是给出一套崭新的应用方式，构造一个革命性的数据模型，设计一个完全开放的体系结构，使被广泛接受的 ARC/INFO 的结构体系和应用得以兼容。

典型的中间 GIS 应用方式是通过定制应用访问 GIS 功能，这种应用介于简单的 Web 浏览器和高端 GIS 桌面之间。例如，作为嵌入 Web 浏览器内的辅助应用；通过将 GIS 功能嵌入字处理文档和电子表格中。该类应用方式与 ArcView 类似，但是只支持特定的部分高级功能（类似于一个定制的 ArcView 的便捷版本）。

ArcGIS Engine 提供的工具可以满足这些需求，它提供了嵌入式的 GIS 组件，能用来在一个组织内建立应用，为用户提供有针对性的 GIS 功能。ArcGIS Engine 是为每个用户的特定需求提供有针对性的 GIS 功能实现的基础。ArcGIS Engine 基于 ArcObjects 构建，并提供跨平台的 C++组件技术框架用于构建 ArcGIS。

ArcGIS Engine（图 2.1）可用来建立广泛的 GIS 应用，并在任何应用中嵌入 GIS 功能。一些 GIS 部门想为他们的终端用户创建特定的附带工具的 GIS 浏览窗口。在其他情况下，一部分 GIS 功能与其他工具结合，去完成一些重要的任务和工作流程。例如，一个城市的政府部门可能想建立一系列特定的地块浏览应用，访问 GIS 数据库信息，并与关键的企业工作流程，如申请许可、税务管理、规划等相结合。

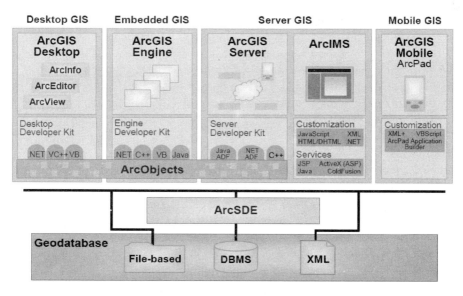

图 2.1 ArcGIS Engine 在 ArcGIS 中与其他组件的关系

在 GIS 二次开发中，大多数情况下都不能脱离专业的软件开发环境，这使用户在使用二次开发软件的时候十分不方便。例如，在 ArcObjects 环境下的二次开发要依赖 ArcGIS 环境，用户在使用的时候也要求有同样的环境，大大限制了二次开发软件的可使用性和操作性。ArcGIS Engine 源自于 ArcObjects，但比 ArcObjects 具有更强大的开发功能和独立性，使用 ArcGIS Engine，可以使二次开发产品嵌入到需要的应用程序中，如很多时候用户更愿意在 Office 软件中实现一些简单的 GIS 功能，使得二次开发产品具有更强大的生命力。

2.2 空间数据库技术

空间数据库作为 GIS 基础软件的核心，主要存储、管理所有地理数据，是 GIS 数据流向的起点和终点，提供了包括空间数据的数据存储、数据维护、数据查询和空间分析等服务功能。空间数据库的设计和实现，直接关系到整个 GIS 系统的功能和效率。

2.2.1 空间数据库技术简介

空间数据库是指存储、管理有关空间数据的数据库。30 多年来，GIS 及 CAD 软件一直采用传统文件方式存储和管理地图数据。20 世纪 90 年代，GIS 工作者开始研究基于关系型数据库或对象关系型数据库系统的空间数据存储管理方案，这就是所谓的"空间数据库"技术。早期的空间数据库技术性能低下，往往被 GIS 行业人士当作中看不中用的绣花枕头，除了学术研究外，在应用系统中很少被真正使用。

当 GIS 行业跨入 21 世纪，一切都发生了改变。使用数据库管理包括地图及其属性的空间数据，成为 GIS 应用发展的潮流。与传统文件方式相比，空间数据库技术有明显的技术优势，包括海量数据管理能力、图形和属性数据一体化存储、多用户并发访问（包括读取和写入）、完善的访问权限控制和数据安全机制等。空

间数据库技术正在逐步取代传统文件，成为越来越多大中型 GIS
应用系统的空间数据存储解决方案。

2.2.2 ArcSDE 空间数据库引擎

系统采用 ArcSDE for MS SQL Server 引擎操作空间数据库。
地理空间数据的主要用途之一是建立矢量化地图，建立与空间坐
标系相关联的位置信息。

ArcSDE 是一个用于访问存储于关系数据库管理系统（Rela-
tional Database Management System，RDBMS）中的海量多用户
地理数据库的服务器软件产品。它是 ArcGIS 中所集成的一部分，
也是任何企业 GIS 解决方案中的核心要素。它的基本任务是作为
存储在 RDBMS 中空间数据的 GIS 网关。它不是一个关系数据库
或存储模型，本身并不存储空间数据，而是一个在多个 RDBMS 平
台中提供先进和高性能的 GIS 数据管理功能的界面。

ArcSDE 允许用户应用 GIS 软件管理和应用基于 RDBMS 的数
据。它充分利用普通 RDBMS 功能和 SQL 数据类型访问存储于
RDBMS 中的数据。它调节平衡普通的 RDBMS 的功能以满足 GIS
用户需求。

ArcSDE 利用 RDBMS 提供的 SQL 数据存储类型，并且当被
底层 RDBMS 支持的时候完全支持扩展的 SQL 空间数据类型。当
RDBMS 不支持扩展的空间数据类型时，可以应用二进制大目标类
型。应用 ArcGIS 和 ArcSDE 进行 GIS 数据的所有管理功能均不需
附加的 RDBMS 功能或扩展数据类型。这样，ArcSDE 可为每个
RDBMS 探索出特定的高级功能，同时它也提供了一个面向所有
RDBMS 的通用工具。

ArcSDE 不但以提供对商业化关系数据库中的数据进行访问而
著称，还可以提供基于文件的空间数据集。这种只读式服务器，
也称为 ArcSDE for Coverages，提供了许多基于文件的矢量数
据集。

2.3 系统涉及的专业技术问题

本书中研究主要涉及的专业技术问题是公路沿线的宏观地质灾害危险性评价和对单体地质灾害进行有针对性的评价并根据评价结果进行防治决策的分析,同时为了评价和预测的客观性和科学性,采用多种数学模型与之结合。

2.3.1 公路地质灾害危险性宏观评价

地质灾害系统具有高度复杂性,地质灾害系统具有多层次结构、多重时间标度、多种控制参量和多样的作用过程。它不但是一个动态发展的、非线性的、开放的灾害系统,同时也是具有不确定性和社会经济性等特征的复杂系统。为了获得对区域地质灾害危险性评价系统方法论的全面认识,此处不妨引述地质灾害系统分析原理中若干与之相关的观点。

地质灾害危险性评价是在地质灾害易发性评价基础之上,考虑外在易于诱发地质灾害发生的各种因素及各因素间可能的相互组合对灾害发生的影响,并跟踪现今地质灾害所处变形破坏阶段,更进一步刻画和预测地质灾害发生的可能性大小,其地质灾害系统映射分析示意如图 2.2 所示。同样,地质灾害危险性也是一个概率值。

在系统中,对公路沿线路段的地质灾害进行宏观评价,这里所说的宏观评价,既可以指将各类地质灾害(如滑坡、泥石流、水毁、崩坍等)归为一类考虑,通过影响灾害的多因素叠加,得到公路沿线的危险度分级图。同时,用户也可以只针对单一的灾害类型进行评价。通过宏观评价,可以给用户提供一个灾害危险度的宏观分布情况,为公路路线选择以及后续工作提供依据。

2.3.2 公路地质灾害危险性微观评价及决策支持

灾害宏观评价分析并不考虑某个单体地质灾害的成因机理,

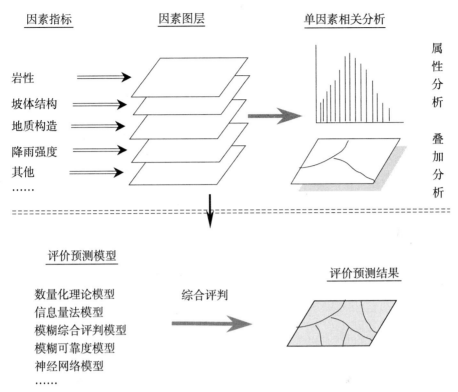

图 2.2　地质灾害系统映射分析示意图

而是将整个评价区域内已有的地质灾害作为已知样本，量化统计分析岩性、构造、地震、降雨、植被覆盖、人类工程活动等影响因子与灾害发生之间的相关方程。然后将整个评价区域事先分划为一些评价单元，将这些评价单元作为未知样本，代入前述相关分析得到的相关方程，计算得出各单元的地质灾害危险性指标。

　　这种方法在诸如省、市一级这样的大区域上常有运用，但是对于具体单个地质灾害体来说，这种评价方法还不够详细，因此本系统也对单体灾害（斜坡、泥石流、水毁）根据其地质、地貌等相关参数，运用多种模型进行评判。另外，对用危险性较高的单体，采用多种数学模型进行决策支持。

2.3.3　评价模型

　　地理信息系统中的应用模型，是根据具体的应用目标和问题，借助于 GIS 自身的技术优势，将观念世界中形成的概念模型，具体化为信息世界中可操作的机理和过程。在系统中，根据实用性和客观性，采用多种数据模型进行分析评价，如在权重确定中，采用层次分析法；在危险性宏观评价中，采用信息量法，模糊综合评判，多元回归；在危险性微观评价中，斜坡采用 Q 系统分级、RMR 分级、TSMR 分级、二级模糊综合评判等，泥石流采用十五因子法、雨洪修正法、泥痕形态法、弯道泥位超高法等，水毁采用洪峰流量计算、水力计算、护墙冲刷计算、冲刷深度计算等。这些方法将在后续章节具体阐述。

第3章 多源数据处理与信息提取

3.1 资料获取

本书中研究所使用的遥感数据主要有美国陆地资源卫星（LandSat MSS）、专题制图仪（Thematic Mapper TM）和增强型专题制图仪（Enhanced Thematic Mapper，ETM＋）影像，其中MSS 指多光谱扫描仪（Multi-Spectral Scanner）。MSS 参数见表3.1，TM、ETM＋参数见表3.2。

表 3.1　　　　　　　　MSS　参　数

波段	波长范围/μm	分辨率/m	主要作用
MSS4	0.5～0.6（绿色）	80	辨别岩性和松散沉积物以及部分植被
MSS5	0.6～0.7（红色）	80	区别岩性地层，区别沙地和沼泽地、人工建筑和大型工程
MSS6	0.7～0.8（近红外）	80	区分水体和湿地，监测作物生长和受灾情况
MSS7	0.8～1.1（近红外）	80	描绘水体边界，寻找地下水，研究地质构造和隐伏构造，监测作物病虫害

表 3.2　　　　　　　　TM、ETM＋参数

波段	波长范围/μm	分辨率/m	光谱信息识别特征及适用范围
TM/ETM＋1	0.45～0.52（蓝色）	30	属可见光蓝光波段，能反映岩石中铁离子叠加吸收光谱，为褐铁矿、铁帽特征识别谱带，但因大气影响图像分辨率较差

续表

波段	波长范围 /μm	分辨率 /m	光谱信息识别特征及适用范围
TM/ETM+2	0.52～0.60 (绿色)	30	属可见光绿光波段，对水体有一定的穿透能力，用于水下地形、环境污染和植被识别，但受大气影响图像质量相对较差
TM/ETM+3	0.63～0.69 (红色)	30	属可见光红光波段，对岩石地层、构造、植被等有较好显示
TM/ETM+4	0.76～0.90 (近红外)	30	属近红外波段，为植被叶绿素强反射谱带。反映植被种类，第四系含水量差异。适用于岩性区分，构造隐伏地质体识别，地貌细节显示较清楚
TM/ETM+5	1.55～1.75 (短波红外)	30	属近红外波段，为水分子强吸收带，适用调查地物含水量、植被类型区分；地质构造、隐伏断裂识别及冰川、雪识别等
TM/ETM+6	10.45～12.5 (热红外)	TM：120 ETM+：60	属远红外波段，也为地物热辐射波段，图像特征取决于地物表面温度及热红外发射率，可用于地热制图，热异常探测，水与植被热量确定
TM/ETM+7	2.08～2.35 (短波红外)	30	属反射红外波段，为烃类物质、蚀变岩类和含羟基蚀变矿物吸收谱带，用于区分热蚀变岩类、含油气信息识别、岩性和地质构造解译
ETM+8(PAN)	0.50～0.90 (全色)	15	信息丰富，空间分辨率高，与多光谱波段影像融合，制作空间分辨率高和光谱分辨好的影像

　　地形图是公路工程建设的重要基础资料。在研究中，地形图是获得研究区等高线、高程点、河流以及地名注记信息的直接信息源；同时，它也是对研究区的遥感影像进行几何精校正和地理编码必不可少的参考资料。工作区范围较大，共涉及 27 幅 1：50000 地形图，其天山公路 1：50000 地形图接图表见表 3.3。

表 3.3 天山公路 1:50000 地形图接图图表

				独山子 11-45-134-乙
			待甫僧 12-45-134-丙	喇嘛庙 12-45-134-丁
		奥瓦古 11-45-1-乙	大南沟达坂 11-45-2-甲	
		拉帕特 11-45-1-丁		
		乔尔马 11-45-13-乙		
		蒙琼库尔 11-45-13-丁	扎纳达恩乌勒 11-45-14-丙	
			巩乃斯林场 11-45-26-甲	
巴音布鲁克 11-45-25-丙	阿尔斯泰禒汗 11-45-25-丁		阿拉斯台 11-45-26-丙	

续表

		塔克勒克特 11-44-48-甲	卫星牧场 11-44-48-乙	薛洛阿廷塔尔 11-45-37-甲				
		伊格布鲁克 11-44-48-丙						
	苏力杰 11-44-59-乙	查汗抄拉 11-44-60-甲						
	库勒 11-44-59-丁							
	奶扎乌勒达坂 11-44-71-乙							
阿兑康夏尔 11-44-59-丙								
夏克阔坦 11-44-71-甲								
库台克力克 11-44-71-丙								
康村 11-44-83-甲								
盐水沟 11-44-82-乙								
库车县 11-44-82-丁								

3.2 资料预处理

独库公路沿线资料包括以下四类：第一类为基础地理信息，包括水系、行政区划、地理标注、地形、经济、人口等内容；第二类为地学信息，包括地层岩性、地质构造、地下水、地质灾害等方面的数据和降雨、降雪、气温等气象要素；第三类为勘察监测资料，包括收集到的地形测量等资料，同时后期也应包括施工阶段获得的监测数据；第四类为施工信息，包括各路段施工单位、年代、设计资料、竣工验收文档等。数据类型有图形、表格和各类文档等，储存方式既有电子版形式，也有纸媒、印刷、薄膜等其他形式。根据所收集数据，需要进行系统的分析研究、综合整理及筛选等预处理。

数据预处理中，首先对建库工程中所需的文档进行准备，主要为数据整理记录表、属性填卡表准备，出图的花纹符号库、线型库、颜色库设定等。然后根据资料的储存形式不同，选用不同的方式：图形数据，根据实际情况选用扫描矢量化；遥感数据，采用计算机辅助解译，解译成果为电子形式；文档、表格等其他定性、定量数据，则采用人工录入。最后参照相应规范和要求将数据重新进行整理。空间数据统一转化为 MapGIS 平台支持的数据格式，并进行数据投影变换处理和属性挂接，按要求修改整理、存放；地学资料参照遥感解译成果及地面调查成果进行修编，按要求修改整理、存放；各类文档资料按要求修改整理、存放；监测观察资料等开发相应的接口，进行转换，并按要求整理、存放。

为了保证数据质量，该研究抽专人进行质量检查，设定专门检查表格，按规定填写。图形数据内容检查的重点是属性卡片数据检查（要求数据应正确、清晰）；入库数据需要检查图层套合精度、拓扑、命名的标准化和规范化、分层的正确性、数据的完整性、属性表结构的正确性、图元与属性的对应性、属性代码的准确性等；图面质量则是参照各种标准，以对比检查为主；生产资料则采用相关行业标准，检查数据质量的准确性，并根据相应数据库要求检查数据格式等内容。

3.3　遥感专题信息提取

遥感影像因其观测范围大、时相多、信息丰富，常用于地学专题信息的提取。在经过一系列前期影像预处理后，即可进行专题信息的提取。本研究的提取工作主要包括土地利用类型遥感解译、生态环境变迁遥感解译、线性构造遥感解译、泥石流遥感解译等。

3.3.1　土地利用类型遥感信息提取

土地利用类型是区域地形地貌特征的间接反映。不同的土地利用类型对于公路安全运行具有一定影响。通过遥感影像目视解译，可快速划分出不同的土地利用类型。

国土资源部《关于印发试行〈土地分类〉的通知》（国土资发〔2001〕255 号），进行了新的土地分类体系划分。将全国土地利用类型划分为 3 个一级地类，15 个二级地类，71 个三级地类。此次土地利用类型解译，在参考以上标准的基础之上，结合遥感影像特征，制定适合区域特点的土地利用类型的分类体系和解译标志（表 3.4）。土地利用类型遥感解译标志主要依据不同地类在遥感影像的特征来建立。土地利用解译采用的是 ETM＋ 15m 融合影像，各种地类的影像特征比较明显，较易识别和分类。

表 3.4　　　　　土地利用分类体系及遥感影像标志

一级类		二级类		三级类		遥感影像解译标志
编号	名称	编号	名称	编号	名称	
1	农用地	11	耕地			位于地形平坦地区，主要分布在居民区周围以及河流沟谷地带，作物植被特征明显，影像特征呈绿色

续表

一级类		二级类		三级类		遥感影像解译标志
编号	名称	编号	名称	编号	名称	
1	农用地	13	林地			位于山顶、山脊、河流两旁，河流两旁的林地呈绿色
		14	牧草地			分布在河谷或者较高山地，影像呈浅黄色
2	城镇建设用地					主要分布于平坦地区，周围有耕地包围
3	未利用地	31	未利用土地	314	砂地	影像呈淡紫色或亮白色，文理细腻
				316	裸岩石砾地	影像呈浅紫色，纹理较粗糙
				317	其他未利用地	主要位于河流周围的、生长有植被的地区
		32	其他土地	321	河流	呈线状分布，色调较深
				322	湖泊	呈不规则多边形，色调较深
				325	冰川及永久积雪	分布于山顶，影像呈天蓝色

3.3.2 生态环境变迁遥感解译

植被指数是根据植被反射波段的特征反映地表植被生长情况、覆盖情况、生物量情况和植被种类情况的间接指标。该研究基于三个时相的归一化植被指数所合成的图像进行天山公路生态环境变迁分析。归一化植被指数（Normalize Difference Vegetation Index，NDVI）可根据下式计算：

$$NDVI = \frac{[X_{nir} - X_{red}]}{[X_{nir} + X_{red}]}$$

其中，nir 代表近红外波段，对应于 MSS 第 3 波段、TM/ETM＋的第 4 波段；red 代表红光波段，对应于 MSS 第 2 波段、TM/ETM＋的第 3 波段。

NDVI合成图像上不同色调直观反映了地面 *NDVI* 值的变化趋势，其中：

（1）*NDVI* 值有变小趋势的地区在图像上呈红色或品红色，品红色区域为20世纪90年代以后开始退化区，红色区域为20世纪70年代以后开始退化区。

（2）*NDVI* 值有变大趋势的地区在图像上呈青色或绿色，绿色区域为20世纪90年代以后植被变好的地区，青色区域为20世纪70年代后植被开始变好的地区。

（3）*NDVI* 值在3个时相都较大的地区呈灰白色。

（4）*NDVI* 值在3个时相都较小的地区呈黑灰色。

（5）黄色或蓝色反映相应地区 *NDVI* 值呈不稳定状态，黄色表示地面植被长势由好变差又由差变好，属于植被遭破坏后已恢复的类型；蓝色表示地面植被长势由差变好又由好变差，可能属于新开垦后又遭破坏的耕地类型，但该两类地区也可能是农作物种类有变化的地区，需要具体甄别。

3.3.3　线性构造遥感解译

线性构造指遥感图像上那些与地质作用有关或受地质构造控制的线性影像。线性构造具有平直或微弯的直线形态特征，这种形态特征多半是通过地形、色调、影纹图案、植被以及水系的线性变化等表现出来的。

区分线性构造是遥感图像地质解译的重要内容之一。当某些线性特征难以判断是否具有地质意义时，可以与已知的资料进行对比、分析判断，如果符合下述条件，那么它们可能是线性构造：①在断层或其他线性构造的延长线上；②与断层、褶皱轴向平行；③与物探异常或化探异常吻合。

遥感图像上线性构造类型很多，数量上也相当大，而且就同一地区的图像来说，随遥感方式、图像比例尺、成像波段、成像条件、成像时日的不同，能显示出的线性构造在数量上、清晰程度上都会有差异。可根据线性构造的地质意义及其与区域地质构造特征的关系来对其进行划分。

（1）区域性地层和构造接触带形成的线性构造。如不同岩性、地层的平直接触界、岩相分界线、不整合接触线等。

（2）地貌形成的线形构造。如大型地貌单元的分界线，平直的山脊、沟谷，山前直线状延伸的陡崖、洪积扇，呈线状分布的负地形等。

（3）水系、河流的异常反映出来的线性构造。如不同水系类型的线状界面，河流的平直或异常地段，水系发育程度、延伸方向以及沟谷形态不同而形成的线状界面等，它们有的与岩性相关，有的与断裂有关。

（4）断裂带形成的线性构造。这种线性构造是和构造脆弱带密切相关的，常以构造破碎带的形式出现。它们多由细小而密集的裂隙构成，一般不连续，呈断续延伸，破裂带内的裂隙可以有多种排列方向，但没有明显的位移。有时能形成线性负地形。

（5）沿断层轨迹分布的线性构造。它们本身就是断层或是断层的伴生构造，因此一般能看到较多的断层标志。

采用 ETM543 融合后 15m 分辨率的遥感图像作为线性构造解译的底图，参照线性构造相关理论，对工作区内进行线性构造的目视解译。

遥感图像显现的地质构造形迹是地壳运动的综合结果，包含有历次构造变动的特征信息。因此，构造复合区的不同期次构造应力场的图像解析，可将宏观构造（褶皱和断裂）和与其密切相关的微观构造（节理）有机联系起来进行分析，从错综复杂的综合图案中根据不同构造变形与破裂系统之间的相互关系及空间分布规律等特征来加以区分，分不同构造层次建立其变形场，然后通过构造变形特征的综合分析研究反演各时期应力场。因为理论和试验都证明，不同作用方式的应力场中产生的构造形迹不同；同一次应力作用下产生的构造变形与其伴生的节理系统在空间上具有很强的依存规律。

3.3.4　泥石流遥感解译

　　泥石流是黄土、黏土、松散岩石碎屑层在水的掺和下的泥浆，由于震动或在暴雨、冰雪融水等激发下，沿坡面或槽沟做突然的流动现象。它是介于水流和土体滑动间的一种运动现象，典型泥石流的流域可划分为形成区、流通区、堆积区三个区段。

　　(1) 形成区（上游）。多为山区，它又可以分为汇水动力区、固体物质供给区两部分。该地区多为三面环山、一面出口的半圆形宽阔地段，周围山坡陡峻，斜坡常被冲沟切割，且有崩塌、滑坡发育。坡体光秃，无植被覆盖。这样的地形条件有利于汇集周围山坡上的水流和固体物质。

　　形成区是泥石流两相流体中水和固体物质形成与汇集地段，又是充沛水源与丰富固体物质借助于陡峻的地形产生泥石流的地段。形成区的面积越大、坡面越多、山坡越陡、沟壑密度越大，则泥石流集流越快、规模越大，且更加迅猛强烈。

　　(2) 流通区（中游）。泥石流搬运通过地段，在地形上常为狭窄而深切的峡谷或冲沟，谷壁陡峭而纵坡降较大，且有跌水与陡坎。泥石流在重力作用和水动力作用下，具有强烈的冲刷力，携带着沟床和沟壁上冲刷下来的土石，沿着陡峭的沟谷，前阻后拥，穿峡而出。

　　(3) 堆积区（下游）。泥石流物质的停积场所。一般都在山口以外或山间盆地边缘，地形较开阔、平缓。泥石流动能急剧变弱。所产生的堆积形态较缓，呈扇形或锥状，其上大小石块混杂沉积，地表坎坷不平，水流分散、河流改道频繁，泥石流所形成的洪积扇在遥感图像中很易识别。在遥感图像上泥石流常呈浅色调，扇状水系发育在出口段。泥石流在沟口呈宽窄不一的扇状堆积。

　　泥石流明显受控于地形地貌、地质和降水条件，其分布主要沿袭大断裂、深大断裂发育的河流沟谷两侧。泥石流往往集中在构造带内的板岩、片岩、片麻岩、花岗岩、千枚岩等变质岩系及泥岩、页岩、泥灰岩、软弱岩系和第四系堆积物中。

泥石流的形成还需要具备如下条件：

（1）具有松散物质来源。泥石流固体物质来源主要包括：①在新构造活动强烈、地质构造复杂的地区，岩石破碎和风化强烈，滑坡、崩塌发育及其山坡上松散堆积物多，这些皆为泥石流提供了固体物质来源；②岩层疏松软弱，节理发育或软硬岩性互层地区等为泥石流的形成提供了碎屑物质；③滥伐森林造成水土流失，开山采矿等可为泥石流形成提供人为物质来源。

（2）具有利于水和物质汇集和泥石流流动的高山深沟、陡峻地势、坡降大的沟河流域等地形。泥石流形成区多为地形比较开阔、周围山高坡陡、岩石破碎、植被差等利于水和碎屑物质集中的三面环山、瓢状或漏斗状地貌；泥石流的流通区地形具有能够使泥石流急泻而下的深狭谷、谷床陡降特征；泥石流的堆积区一般为能使碎屑物堆积的开阔山前平原和河谷阶地地形。

（3）水是泥石流土石成为液化流体、激发和搬运介质的重要组成部分和动力因子。水源来自大量长时间的降雨、冰雪融水和水库、塘、池溃决水体。

由于泥石流主要受大量集中降雨的激发，所以具有与降水相关的季节性，另外存在与洪水、地震周期大体一致的规律。

泥石流具有较强的可解译性，基于泥石流发育的流域地质背景分析及其侵蚀、堆积地貌和影像纹理特征是泥石流识别及解译的主要信息标志。区内的泥石流多为沟谷型泥石流，呈长条状或带状沿沟谷分布，具有明显的形成区、流通区和堆积区。流域上游的形成区一般具有岩石风化破碎强烈，基岩裸露，崩滑发育等特点，而与重要水系相关的堆积区则从沟口到前端形成扇状的堆积地貌。从泥石流堆积物的色调差异或纹理变化及植被生长发育的状况可以判断泥石流的活动规模和频度。泥石流解译采用的是ETM+15m融合影像。

第 4 章　公路地质灾害危险性宏观评价研究

在本书的研究中，从宏观和微观角度对在灾害体的危险度进行评价，并对单体灾害进行决策支持。宏观评价主要是通过对已知样本的处理来推出未知危险度区域的等级；而微观则是针对单体灾害（如滑坡、泥石流、水毁），由用户直接输入相关参数得到危险性等级，不需要已知样本；对于危险度较高区域，通过决策支持模块得到应该采取的治理方案。

从宏观上对地质灾害进行评价和预测，与针对单一灾害体进行的微观稳定性评价，二者之间既有相似之处，又有明显的区别。因而在确定地质灾害区域评价指标的时候，既要充分吸取单体评价理论体系中涉及的指标因素，又要考虑区域评价的特点，去掉不切实际的评价因素。

如对单个斜坡进行稳定性评价时，常从力学观点出发，采用极限平衡分析原理，计算斜坡的下滑力和抗滑力，确定二者之间的相对大小，由此判断斜坡失稳的可能性大小。或者应用数值模拟或物理模拟研究反演斜坡内部岩土体的应力应变状态，以变形理论和破坏准则作为评价和预测的判据。因而涉及的评价指标往往是岩土体的工程和力学性质，以及岩土体内部的结构构造。当然在实际操作中，采用定性与定量相结合，对斜坡的形态和宏观变形迹象也有兼顾。对单个斜坡进行时间预测时，预测模型多种多样，但基本上都是在研究模拟斜坡变形破坏历史的基础上，运用适当的数学模型，结合专家判断进行的。

对于诸如降雨、地震这些对斜坡的变形破坏、特别是破坏发生与否和发生灾害的危害性程度影响很大的诱发因素，可以在假定基础环境背景条件不变的情况下，加入一个或多个这样的诱发因素，采取同样的计算评价方法进行计算，即幕景分析。经过这种处理，还可较为有效地进行因素敏感性分析。

而当从区域上对滑坡地质灾害进行危险性评价时，评价任务本身的特点决定了不可能完全照搬单体稳定性评价和预测中的指标和因素。这是因为，在区域上所能取得的资料一般远不及单体地质灾害那样丰富翔实，很多指标如岩土体的物理力学参数指标无法在大范围内获得。考虑到这类指标具有很强的空间分异性，如若以点代面将局部获得的资料运用到区域滑坡地质灾害危险性评价中，则很难界定评价结果的可靠性。同时，这些因素指标具体运用到区域评价中也存在着操作上的困难，比如对于一个潜在的滑坡，其边界尚不完全可知，自然也就无从谈起确定其潜在滑动面、进而计算其稳定性系数。

区域评价的目的就是要找出该区域内部可能给人类生产生活带来大的危害的潜在不稳定区块，以便在今后的防灾减灾管理实践中重点考察探明这些地带的灾害危险性状况。所以就研究阶段而言，单体危险性评价和预测是在区域评价之后的，不可能也不必要在获得了区域上每一点的详细资料之后再来进行区域地质灾害危险性评价。相应地，区域地质灾害危险性评价的结果也不能达到单体评价那样高的精度和可靠度。更何况，即使是对研究程度很高的单个滑坡进行危险性计算时，所得到的计算结果也需要结合地质分析进行综合评价。

本章从宏观角度对地质灾害危险度进行计算，其间涉及到指标体系的选取以及多种数学模型的应用，微观评价在第 5 章具体阐述。

4.1 地质灾害危险性宏观评价概述

建立天山公路沿线地质灾害危险性宏观评价的目的是为预测

地质灾害提供标准化分析模型，使用户能通过输入统一的数据格式，运用标准的模型，快速地进行地质灾害危险性的预测评价，在宏观评价中，将各类地质灾害作为总体考虑，并不是针对单一的具体灾害体来进行评判；通过宏观评判，实现对公路沿线的灾害分布情况及危险度的整体把握。此外，也可以只针对某种单一灾害类型进行宏观评价。要进行科学的预测评价，统一的评价指标体系的建立是不可或缺的，在系统中，对地质灾害预测评价实现的数据流程是从空间数据库中提取对应的量化值或标准化值，通过 GIS 与评价模型计算程序的连接运行而达到目的；评价结果的正确与否，在很大程度上取决于数据的准确性，在考虑数据处理过程中容许误差范围内，确保获得反映所有研究区域灾害基本状况的充分数据。在评价之前决定采用哪些评价因素指标、如何将其中定性的或者半定量的指标转化为评价过程中所需的量化指标显得尤为重要。需要说明一点的是在后面的宏观评价论述中，主要针对斜坡进行评价分析。地质灾害宏观评价流程如图 4.1 所示。

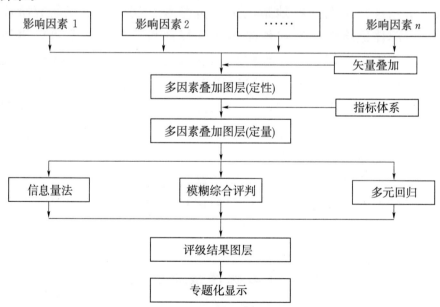

图 4.1　地质灾害宏观评价流程

4.2 评价指标体系

4.2.1 概述

任何评价预测模型都是建立在一定的评价因素集上的,这个评价因素集就是指标体系。但是目前而言,评价指标体系的确定是一项非常困难的工作。各个领域在进行区域评价时,对于指标体系的选取尚无一个通行的标准,往往要依靠领域专家经验或者根据评价实际情况取舍。

区域滑坡地质灾害危险性评价结果的正确与否,很大程度上取决于数据的准确性。数据的准确性是针对区域滑坡地质灾害危险性评价这一目标而言的。数据处理过程中的误差固然是应该考虑的,但更为重要的是确保能获得足够充分反映研究区地质环境基本状况的数据。所以,决定采用哪些评价因素指标、如何从基础资料中提取这些评价指标数据、采用何种方式将这些定性或者半定量的指标数据转化为评价所需的量化数值,是进行区域滑坡地质灾害危险性评价必不可少的一项重要工作。

以前的工作中,对选取哪些评价因素参与评价这个问题已经予以了足够的重视,结合不同的研究实例,国内外大量学者和工程师就这个问题展开过不同程度的研究,并取得了较为丰富的成果。但是对于如何架起基础数据与评价所需数据之间的桥梁,即评价数据的提取问题,则鲜见深入的研究和论述,事实上这个问题与选取哪些指标参与评价同等重要。正因为认识到这个问题的重要性,本小节主要讨论选择评价指标的原则和方法,而将评价数据的提取与处理单独提出来分析。

下面在回顾和总结评价指标选取的意义、基本原则的基础上,阐述影响斜坡稳定性、孕育和导致滑坡地质灾害发生的主要因素条件,然后基于前述评价目标分划的原则,探讨提出对几种常见滑坡地质灾害类型进行危险性评价时宜采用的评价指标体系。

4.2.2　建立评价指标体系的意义

地质灾害易发性或危险性评价归根到底是一个地学问题，在进行区域评价时，始终都不能丢掉地质分析这一基本武器。在提出和发展一种滑坡危险性评价方法时，识别导致斜坡失稳、引起滑坡的因素是非常重要的一项基础性工作。只有通过确定过去导致滑坡发生的因素，方能预测未来滑坡在何时何地发生。不管采用什么方法，都应该谨慎输入数据。

不幸的是，由于滑坡受控于多个因素的影响，因果关系的确定并不那么简单。通常，要想识别与滑坡有关的所有因素是很困难的，同时大多数情况下界定不同因素之间的关系也很困难。比如二元回归分析中，分开考虑两个或多个因素和综合考虑这些因素得出的评价结果可能不同；而且即使是相同的因素，由于考虑的相关过程、机制类型的不同也可能有不同的结论，所以不加地质分析，盲目运用二元回归分析可能得出完全错误的结论。

近年来开展的滑坡地质灾害易发性区划和危险性区划研究，普遍忽视从区域上对滑坡地质灾害进行深入的地质分析和研究，因而得出的结论不仅不能很好地为管理所用，甚至从地质本身来看也是站不住脚的。地质分析和研究的不足集中体现在缺乏对评价指标体系的系统分析。

（1）由于地质灾害这一评价对象过于笼统抽象，如果在确定因素指标时没有与某种特定成因机制的滑坡相对应，自然便会引起指标体系的混乱，因素重要性排序和权重确定、数据量化赋值方案随之混乱。实践表明，对评价区域内不同类型的滑坡采用同一套指标体系是欠妥当的，更不要说试图建立全省或者全国范围内通用的指标体系了。

（2）对各个评价因素指标之间的相互关系考虑不足。评价模型一般都要求各个因素之间相互独立，而现今多没有仔细考虑这个问题，比如斜坡结构、岩性和坡度之间是存在一定的相互关系的，但以往的做法大都是将其视为独立，或者在进行二次（模糊）

评判时，将之综合为一个指标，但是采用的方法却又往往是简单加权，而不是基于地质分析。再者，在确定因素的重要性和权重时忽视了另外一个重要问题：当论及某个因素对滑坡的发生起着多大的贡献时，往往是依赖于其他一个或多个相关因素的状况的。换言之，因素指标对滑坡发生可能性大小或者斜坡稳定性大小的贡献大小，或者某因素处于某种状态时斜坡失稳或发生滑坡的可能性大小，其实是一个条件概率问题。

以往的区域滑坡地质灾害危险性评价研究中，由于一直固守地质灾害这样一个评价目标，客观上造成无法在选择评价指标、界定评价指标与滑坡地质灾害危险性之间的相互关系的过程中充分考虑问题的地质过程实质。特别是在有了GHGIS这样的计算机评价程序之后，虽然危险性评价的过程看起来更简单了，但仍然没有理由忽视地质过程机理分析。

因此，紧密结合评价区域具体实际，与评价目标子集的分划相结合，构建多层次的评价指标体系，将有望从一定程度上改变现今区域滑坡地质灾害危险性评价严重脱离地质过程分析的局面。

对待一个问题，通常的解决应对之法中如果存在明显不合理的地方，多半都是因为苦于别无良方。故而可知，构建多层次的评价指标体系将是一项困难重重的工作，会大幅度增加区域滑坡地质灾害危险性评价过程的复杂性，但是作为尝试和探索则是不无裨益的。

4.2.3　选取评价指标的原则

但凡进行区域评价或区划，不论针对的是何具体问题，几乎都会特别强调建立评价指标体系的重要性，历年来探讨建立各种区划的评价指标体系的文献也是不胜枚举。而且在概念内涵上，似乎都倾向于建立一个全国性的、标准化的、普适性的评价指标体系。历年文献关注的着眼点也不尽相同，有的重在讨论选择哪些指标，有的重在探讨指标的量化表达，有的则重在论证指标数据库存储的字段结构和数据编码。

科学研究的困顿不仅存在于殚精竭虑地从复杂的现象中提炼简单的普适性规律，也存在于在形式上简单的描述体系中不幸失去了对研究对象原本具有的复杂性的掌控。倘使想要制定出一个全国范围内合适区域的滑坡地质灾害危险性评价指标体系，恐怕不得不面对这样的双重困顿。

基于这样的认识，此处不再将系统性和普适性作为构建评价指标体系的首要原则，而是着重强调具体问题具体分析的基本准则，强调在普适的框架之下充分考虑评价研究区的具体实际。

在具体问题具体分析这一基本准则的指导下确定某个地区的评价指标体系时，仍然应从地质分析的角度出发，尽可能全面地考虑控制和影响各种滑坡地质灾害发生的因素，同时尽量使各个因素之间相互独立，并分清主要因素和诱发因素，敏感性因子和先决性因子。具体地讲，在选取滑坡地质灾害危险性评价指标时应该尽量遵循以下几个基本原则：

（1）评价指标宜分为内在因素和外部因素、敏感性因子和先决性因子。

1）依据其性质，可以将评价指标分为内在因素和外部因素。

内在因素是指诸如岩性、构造等那些坡体固有的因素，它们随时间的变化较小，对坡体稳定性和滑坡地质灾害危险性具有主要的控制作用。外部因素主要是指地震、降水和人类工程活动等这些随时间变化较大的因素，它们对滑坡地质灾害的发生常常起触发作用。

将因素指标明确划分为内在因素和外在因素还有一个重要意义。内在因素反映了斜坡自身地质条件的优劣，内在因素组合特征决定了滑坡地质灾害的易发性。

2）还有必要引入敏感性因子和先决性因子这两个概念。

这里所言的敏感性因子是指那些具有"一票否决权"的因子，在评价实践中，只要有这样的因子存在，则可直接判定滑坡地质灾害危险性程度高。比如假设在一定范围内的山体普遍发育拉裂缝，且裂缝处于扩展阶段，从区域滑坡地质灾害危险性评价所要求的精度来讲，判定这些山体具有高的滑坡地质灾害危险性将是合理的，这里的地面变形情况就是敏感性因子。

先决性因子是指对类型的滑坡地质灾害而言，其发生必须具备一定的先决条件，如果没有这些先决条件存在，则发生该类型滑坡地质灾害的危险性为零。比如崩塌的发生要求斜坡坡度达到一定的临界值，再如矿山开采引起的"前缘蠕滑—采空区塌陷—后缘拉裂"型灾害则必须有一定规模和时长的采矿活动为先决条件，否认这种类型的地质灾害的危险性为零。这里的坡度和采矿活动便是相应灾害类型发生的先决性因子。

从上面的论述中不难看出，虽然一般情况下内在因素对斜坡的稳定性起着控制性作用，但是敏感性因子和先决性因子并非只能是内在因素。细想起来，这并不矛盾，单就直观来看，内在因素和外在因素是针对斜坡可能遭受的所有形式的破坏而言，而敏感性因子和先决性因子则仅是针对某一特定形式的破坏来讲的。这同时也再一次表明，将"滑坡地质灾害危险性"这样一个集合概念直接作为评价目标、制定一套普适的评价指标体系确实是不尽合理的。

（2）评价指标对评价目标是必要的。选择评价指标时，宜尽可能剔除那些对评价目标影响很小的评价指标。

（3）评价指标对评价目标是充分的。对评价目标的影响程度达到一定水平的评价指标，原则上必须参与评价。

（4）评价指标力求简明、可操作性和针对性强。强调指标的简明性和可操作性对区域滑坡地质灾害危险性评价这类复杂系统尤其重要。简明性是指评价指标应尽可能的简单、明确，具有代表性；可操作性是指评价指标的内容是可以通过实际工作比较方便地获取或实现的。

（5）评价指标之间应尽可能相互独立。选择评价指标时，应考虑问题的阶段性、针对性，选择有代表性的指标，避免指标之间的重叠交叉。

4.2.4 影响地质灾害稳定性的主要因素

影响斜坡稳定性的因素，也即控制和影响滑坡地质灾害孕育发生的因素。概括起来，影响地质灾害稳定性的因素主要包括以下几个方面：

（1）坡度。坡度对滑坡地质灾害的发生有很明显的控制作用，坡度不同，不仅会影响坡体内部已有的或潜在的滑动面的剩余下滑力的大小，还在很大程度上确定了斜坡变形破坏的形式和机制。

但是坡度和斜坡稳定性之间并不是简单的线性关系，而且坡度对斜坡稳定性的控制作用几乎总是与坡高、岩土体组合、斜坡结构等因素共同作用。

（2）坡高。对于一个斜坡单元而言，对其进行稳定性评价时，其坡高一般是需要重点考虑的。在其他条件都相同的情况下，坡高越大，对稳定性越不利。

但是若区域评价是基于客观的评价网格而不是基于已有的或潜在的变形破坏单元时，坡高将变得很难刻画，坡体范围尚未确定，坡高自然也就无从谈起。

（3）岩性。作为斜坡的物质组成，岩土体的性质对斜坡的稳定性必然有很大的控制作用。在收集基础地质资料的时候，获得的往往是地质图，即地质意义上的岩性，而不是工程意义上的岩土体类型，所以评价前还要将之转化为符合工程评价需要的工程岩土类型，这个过程中除了考虑岩土体的类型、物理力学性质外，还要适当结合岩土体的结构特征。

（4）坡体结构类型。坡体结构类型是指在层状岩体组成的斜坡中，由坡面、岩层产状、河流或沟谷流向三者之间特定的组合方式决定的斜坡形态。

坡体结构类型对坡体的稳定性也具有很重要的控制作用。大量野外滑坡调查表明，在河流流域，坡体结构类型不同，坡体变形发展乃至最终破坏的形式是截然不同的。其中岩层走向和河流走向之间的关系对斜坡稳定性的影响尤为突出，一般来说，横向直交坡最为稳定，斜向坡次之，而顺向坡对坡体的稳定性尤为不利。

（5）软弱地层。软弱地层的存在，不仅因其工程特性差而影响坡体的稳定性，关键其还常常作为控制性的底滑面直接降低坡体的稳定性，特别是软弱岩层在适当的地下水作用条件下可能饱水软化形成软弱夹层，更是大幅度降低坡体的稳定性。

当软弱地层较厚，并平缓地出露于坡底形成软弱基座时，则还将控制斜坡的变形破坏模式，可以因为软弱基座的压缩、蠕变导致坡体后缘产生拉张裂缝，随着变形的进一步发展，最终贯通形成统一的滑动面，产生破坏。

但是，由于软弱地层对斜坡稳定性的影响在空间上往往并不是局限于其本身所出露的部位，而是影响与之关联的整个变形破坏单元的稳定性，所以和坡高相似的情况，在基于网格图元的区域评价中，这个指标也变得比较难确定。

（6）构造。构造对斜坡的稳定性也有一定的影响。断层的存在，主要是断层带及其附近一定范围内的岩土体将遭到破坏，从而降低坡体的完整性程度，同时作为重要的地下水通道，对斜坡的变形和破坏也必然带来不可避免的不利影响。

褶皱引起大范围的岩层产状的变化已经在斜坡结构类型中得到了体现，因而考虑其对斜坡结构类型的影响也主要是鉴于其对岩土体完整性的破坏和为地下水提供了运营通道。

当然现代活动构造引起的附近岩体内部的地应力状况的改变也是不容忽视的。特别是在活动断层附近的斜坡稳定性评价中更应给予应有的重视。

（7）地面变形迹象。地面宏观变形在野外综合地质评判中具有很大的控制意义。因为其他的因素基本上都只是反映坡体赋存的地质环境和其本身的结构组成等静态信息，唯有地面变形情况在一定程度上反映了斜坡变形发展的阶段，这对于从宏观上对斜坡在不久的将来发生破坏与否进行判断具有很大的参考价值。

（8）植被覆盖率。植被状况对斜坡稳定性具有一定的影响作用。概括起来，植被对斜坡稳定性的贡献除了大幅度减少坡面破坏以外，其根茎还具有一定的根固作用，同时植被的存在，还有利于减缓坡面水流的流动速度。

（9）已有地质灾害。在进行地质灾害区域评价时，自然要考虑已经发生的地质灾害。同时考虑到地质灾害往往具有群发性、灾害链等特点，已经发生了灾害的局部区域及其附近就有很大的可能复活形成新的灾害或者转而形成其他类型的地质灾害。

（10）河流地质作用。此处河流地质作用是指河流对斜坡坡脚的冲刷掏蚀作用。根据水利学原理，在河流的凹岸，堆积和掏蚀共同作用的结果为侵蚀，在凸岸表现为堆积，直线沿岸则保持动态的冲淤平衡。

斜坡坡脚遭到侵蚀时，对斜坡的稳定性是极为不利的，主要是通过削弱斜坡前缘抗力体和增大临空面两种方式来影响斜坡的稳定性。

（11）裂隙发育状况和结构面组合情况。组成斜坡的岩体内部发育的结构面在特定的组合方式下，往往控制着整个坡体内滑动面的发展，同时，结构面的存在还加大了地下水的活动能力，从而间接削弱斜坡的稳定性。所以，对于研究程度比较高的地区，倘若加入裂隙发育状况和结构面组合情况这个评价指标，评价结果更为可靠。然而，在区域上往往还达不到这么高的研究程度。

（12）降水。降水，特别是暴雨是斜坡失稳的一个重要的诱发因素。降水诱发崩滑地质灾害主要是通过地下水作用间接体现的。很多滑坡都是在暴雨之后发生的，并且大多具有较为明显的滞后效应。

降水沿坡面或坡体后缘下渗，除了增加坡体自身的重力、扬压力，进而增大下滑力之外，更重要的是，下渗的地下水使得坡体内部空隙水压力发生剧烈的变化，根据有效应力原理，随着空隙水压力的增大，有效应力随之减小，从而引起坡体内部土体颗粒之间或者是结构面上的摩擦力减小，降低斜坡的稳定性。

考虑到与水下渗和地下水运移的滞后效应，在进行区域评价时，既要考虑一定时间内降水的强度，也必须考虑降雨持续的时间长短，所以工程上常常采用三日最大降雨量、一日最大降雨量、年降雨量等作为评价指标。

（13）地震。地震，特别是在地震烈度区，也是诱发处于临界状态的斜坡失稳的一个重要因素。如果对于整个评价区域来说，地震烈度区划没有局部变化，则地震作为区域背景值将使得整个区域的斜坡稳定性都得到一定程度的降低。如果区域内地震烈度区划有分异，则在考虑地震影响的情况下，区域滑坡稳定性区划也将相应的发生变异。

一般采用基本烈度作为刻画地震影响的指标。

（14）地表水体。对于水库库岸稳定性进行评价时，不能不考虑库水体，特别是库水位的变化对斜坡稳定性带来的不利影响。库水位的升降引起坡提体前缘内部动水压力的变化，从而降低有效正应力，对斜坡稳定性产生不利影响。

（15）人类工程活动。随着人类文明的进步和发展，人类活动，尤其是人类工程活动，对自然的改造强度和频度比以往任何时候都大，这些活动必然也会对周围一定范围内的斜坡的稳定性产生影响，成为斜坡失稳的最为活跃的诱发因素。

实际评价中，一般主要考虑交通路线、城市集镇以及矿山开挖、堆填方等因素。

4.2.5 评价指标体系的筛选

以上对评价因素指标的选取做了较为概括的分析和说明，然而，这些指标因素带有一定的普遍性，针对某一具体评价区域时，常因为客观条件的限制，很难完全按照此体系收集齐全数据，或者某些因素在整个地区不具备分异性，而且对滑坡地质灾害的发生所起的作用甚微，故而实际评价中常仅采用其中部分指标，即有必要对评价指标进行筛选，选取主要指标，剔除关联度较大或评价目标贡献较小的指标。

评价指标筛选可以采用的方法主要有地质经验法、主成分分析法、两两比较法等。

4.2.5.1　地质经验法

这是最常用，也是最基本的指标筛选方法。滑坡地质灾害危险性评价是一项实践性很强的工作，前人积累的研究成果和评价实施者的工作经验是极为重要的。因此查阅文献资料，归纳和总结前人所采用的评价指标，并与研究区进行对比研究，对于恰当地选择评价指标是尤其重要的。尤其是敏感性因子和先决性因子的确定，更是不得不依赖于地质判断。

4.2.5.2　主成分分析法

主成分分析是在保证数据信息损失最小的前提下，经线性变换并舍弃一小部分信息，获得新的综合变量，取代原始多维变量。

求主成分的基本方法是设某个总体样本 $\boldsymbol{X}$ 有 p 个特征变量，即 $\boldsymbol{X}=(x_1,x_2,\cdots,x_p)^{\mathrm{T}}$，其均值向量为 $\boldsymbol{u}$，协方差阵为 $\boldsymbol{V}$，使得这 p 个特征变量 $x_1,x_2,\cdots,x_p$ 综合成尽可能少的几个综合变量 $y_1,y_2,\cdots,y_q$（$q<p$），而且要求这些新的综合变量 $y_1,y_2,\cdots,y_q$，既能反映原来 p 个特征变量 $x_1,x_2,\cdots,x_p$ 所反映的信息，又能使这 q 个综合变量互不相关。

求主成分的步骤概括如下：

（1）从协方差阵 $\boldsymbol{V}$ 出发，先求出 $\boldsymbol{V}$ 的一切非零特征根，并依大小顺序排列成 $\lambda_1 \geqslant \lambda_2 \geqslant \cdots \geqslant \lambda_k > 0$，其余 $p-k$ 个特征根均为 0。

（2）求出这 k 个特征根 $\lambda_1,\lambda_2,\cdots,\lambda_k$ 相应的 k 个特征向量，并将其单位化，得到单位化特征向量 $\boldsymbol{a}_1,\boldsymbol{a}_2,\cdots,\boldsymbol{a}_k$。

（3）取 $y_1=\boldsymbol{a}_1^{\mathrm{T}}\boldsymbol{X}, y_2=\boldsymbol{a}_2^{\mathrm{T}}\boldsymbol{X},\cdots,y_k=\boldsymbol{a}_k^{\mathrm{T}}\boldsymbol{X}$，即得第一、第二、…、第 k 个主成分，而且 $y_1,y_2,\cdots,y_k$ 互不相关。

（4）以累积方差贡献率为测度，来确定主成分的个数 q。通常以累积方差贡献率 $\dfrac{\sum\limits_{i=1}^{q}\lambda_i}{\sum\limits_{j=1}^{k}\lambda_j} > 0.85$ 准则来确定主成分个数。也就是说，如果前 q 个主成分的累积方差贡献率超过 85%，则就用前 q

个主成分（综合变量）y_1，y_2，…，y_q的变化刻画 X 原来的 p 个特征变量 x_1，x_2，…，x_p 的变化。

4.2.5.3　两两比较法

列表对指标进行两两对比，如指标 b_1 比指标 b_2 重要，在 b_1 行 b_2 列写上 3，而在 b_2 行 b_1 列写上 1；若指标 b_1 与指标 b_2 的重要性程度无法排序，在 b_1 行 b_2 列、b_2 行 b_1 列都写上 2。

例如：拟对 5 个指标 b_1、b_2、b_3、b_4 和 b_5 进行重要性排序并剔除不重要的指标，可采用两两比较。首先构造比较矩阵：

	b_1	b_2	b_3	b_4	b_5	$\sum$	λ
b_1	2	1	1	2	3	9	0.18
b_2	3	2	1	3	3	12	0.24
b_3	3	3	2	3	3	14	0.28
b_4	2	1	1	2	3	9	0.18
b_5	1	1	1	1	2	6	0.12

其中，"$\sum$"列为同行左面各数的和。"$\sum$"列求和得 50，用 50 去除 "$\sum$" 列各值，求出各指标的重要性指数分别为 $\lambda_1=0.18$、$\lambda_2=0.24$、$\lambda_3=0.28$、$\lambda_4=0.18$、$\lambda_5=0.12$，并按照大小顺序排序，即有 $\lambda_3>\lambda_2>\lambda_4\geq\lambda_1>\lambda_5$，即可确定指标的相对重要程度。

从以上论述不难得出，主成分分析用特征向量代替原始因素指标向量，虽然从数学上讲可以较好地保证指标之间的线性无关，但是特征向量的物理意义不可避免地变得混淆不清。因此，此法虽然直观、易于操作，但有悖危险性评价过程中应始终抓住地质分析这一有力武器的原则。

两两比较法符合人脑思维习惯，在指标众多而且地质过程尚不是十分清楚的情况下，采用此法确实是较为有效的，而且数学上较严格，不得已时不失为可取之法。

地质经验法虽然操作起来困难较大，而且带有较大的人为随意性，但作为万法之根本，始终是不容束之高阁的。前期地质分析越深入，评价结果的解释与表达越容易，评价结果的可靠性与合理性也越有望得到保证。

4.3　危险性评价因子的取值和分级

本书建立地质灾害危险性评价因子基准值划分表，见表 4.1。为了同国土资源部《建设用地地质灾害危险性评估技术要求》中的规定一致（地质灾害危险性划分为地质灾害危险性大、中、小三个等级），将评价因素的指标界限按其质量状况也分为三个等级。参评因子对三个危险性等级评价标准的基准值是根据有关规范、标准，结合研究区的实际情况给出的，同时考虑到未来的可行性，尽量使其量化。

表 4.1　地质灾害危险性评价因子基准值划分表

指标 \　级别	危险性小	危险性中等	危险性大
地层岩性	岩石坚硬～较坚硬，结构完整～较完整（0.3）	岩石较破碎，结构不完整（0.4～0.6）	岩石破碎，有软弱结构面，岩土体不完整（0.7）
地面坡度/(°)	≤20	20～35	≥35
相对高差/m	≤100	100～300	≥300
断裂构造密度/(km/km²)	≤0.05	0.05～0.2	≥0.2
多年平均降雨量/mm	≤200	200～600	≥600
冻融作用	轻微或无（0.3）	作用颇严重（0.4～0.6）	作用严重和极严重（0.7）
地震烈度	＜Ⅵ	Ⅵ、Ⅶ	≥Ⅷ
植被覆盖率/%	≥30	10～30	≤10
开挖深度/m	岩质边坡深度小于10m；土质边坡深度小于6m	岩质边坡深度10～20m；土质边坡深度6～15m	岩质边坡深度大于20m；土质边坡深度大于15m

级别 指标	危险性小	危险性中等	危险性大
灾害分布密度 /(个/km²)	≤0.2	0.2~1	≥1
灾害规模	小型	中型	大型

参评灾害为对公路有直接影响的地质灾害，灾害规模按崩塌、滑坡、泥石流分别给出划分基准值：崩塌体积小于 500m³ 为危险性小，大于 500m³ 小于 5000m³ 为危险性中等，大于 5000m³ 为危险性大；滑坡体积小于 1 万 m³ 为危险性小，大于 1 万 m³ 小于 10 万 m³ 为危险性中等，大于 10 万 m³ 为危险性大；泥石流松散物贮量小于 1 万 m³ 为危险性小，大于 1 万 m³ 小于 10 万 m³ 为危险性中等，大于 10 万 m³ 为危险性大。

4.4　地质灾害危险性综合评估原则

（1）地质灾害危险性分区评估原则。

1）多灾种综合评估的原则。在危险区划分时，综合各灾种的发育特征、危害特征进行分区评估。

2）突出主要灾种的原则。在分区评估中，要突出主要危害、威胁公路正常运营的灾种。

3）区内相似、区际相异的原则。在评估危险性时，区内地质环境条件和主要灾种应基本一致，而区与区、段与段之间要有所差异。

4）评价指标差异选取的原则。评价指标不替代建设工程和规划各阶段的工程地质勘察或有关评价中的评价指标。

（2）地质灾害危险性分区依据。地质灾害危险性分区主要依据是评估区地质环境条件、地质灾害分布、发育特征和危害、威胁特征以及定量评估的结果。

（3）评估路段划分依据和评估方法。

1）评估路段的划分。地质灾害危险性评估路段主要依据地形、地貌特征、公路所处的地貌类型及地质灾害发育程度和危害程度进行分段。

2）评估方法。在评估区地质灾害现状评估和预测评估的基础上，根据各种地质灾害对拟改建公路的危害、威胁程度，采用定量分析和定性分析相结合评估地质灾害危险性程度，全面、系统划分地质灾害危险性区段。

（4）危险性综合评估。通过以上原则、依据和方法，对评估区的地质灾害危险性进行地质灾害危险性综合评估。综合评估时考虑：①地质灾害形成的地质环境条件；②地质灾害类型、发育特征、分布范围、危害程度；③评估区段存在两种以上灾害时，以就重不就轻的原则进行评估；④工程建设及运营过程中由于人类活动对地质环境条件的破坏、加剧地质灾害的情况及对公路的危害。

4.5　地质灾害危险性宏观评价模型

目前的地理信息系统一般都具有强大的空间分析能力，但这些空间分析功能的应用都有某些局限性，往往只能满足 GIS 在大众化应用中的一些常规分析；而对于如本系统的边坡等地质灾害预测评价这些专业领域而言，GIS 中已有的空间分析功能往往无法满足需要。这就要求在系统设计中，根据自己的专业特色，用相应的开发技术选择开发合适的模型，并将所开发的模型与 GIS 系统有机地结合起来，从而达到可以直接在 GIS 系统中完成预期目的的功能。

工程地质评价是一种包含经验类比和统计思想的分析方法，由于它以定性描述和分析为主，因而应用起来或多或少存在随意性和不确定性，难以建立统一的评价准则、标准。近年来，一些不确定性数学方法（如模糊数学、灰色理论等）不断引入工程地质研究中，工程地质量化评价方法应运而生。在评价地质环境时，对于不同地区的不同斜坡，甚至是同一地区的不同类型的斜坡地段，由于其所受内在因素和外动力条件各不相同，对斜坡稳定性进行空间预测比时间预报还要困难。国内外已有不少研究者提出了不少斜坡稳定性的空间预测方法，比如信息量法、逻辑信息法、综合判别分析法、模糊综合评判法、专家评分法、变形破坏指数法、危险概率分析法以及神经网络模型等。综合考虑其适用条件、可操作性、数据的可获得性、分析结果的可靠性等多个方面的因素，本研究选定了模糊综合评判、信息量法、回归分析作为地质灾害危险性宏观评价的基本数学模型。下面具体阐述评价模型的原理和适用条件。

4.5.1 模糊综合评判

模糊综合评判就是以模糊数学为基础，应用模糊变换原理的最大隶属度原则，考虑与被评判事物相关的各个因素，对其所做的综合评判。由于在很多问题上，人们对事物的评价常常带有模糊性，因此，应有模糊学的方法进行综合评判将会取得很好的实际效果。

如果评判对象的有关因素很多，很难合理的定出权重数分配，即难以真实地反映各因素在整体中的地位，这是采用多级综合评判。

设因素集 $U = \{u_1, u_2, \cdots, u_m\}$。

设危险性等级集 $V = \{v_1, v_2, \cdots, v_n\}$。

评价因素和危险性等级之间的模糊关系用矩阵 $\underline{R}$ 来表示：

$$\underline{R} = \begin{bmatrix} r_{11} & r_{12} & \cdots & r_{1n} \\ r_{21} & r_{22} & \cdots & r_{2n} \\ \vdots & \vdots & \vdots & \vdots \\ r_{m1} & r_{m2} & \cdots & r_{mn} \end{bmatrix}$$

其中，$r_{ij} = \mu(u_i, v_j)(0 \leqslant r_{ij} \leqslant 1)$，表示就因素 u_i 而言被评为 v_j 的隶属度；矩阵 $\underline{R}$ 中第 i 行 $R_i = (r_{i1}, r_{i2}, \cdots r_{in})$ 为第 i 个评价因

素 u_i 的单因素评判，它是 V 上的模糊子集。

实际上，不同因素在地质灾害危险性评价中所起的作用是有大小之分的，即必须考虑因素的权重问题。

假定 $a_1, a_2, \cdots, a_m$ 分别是评价因素 $\{u_1, u_2, \cdots, u_m\}$ 的权重，并满足 $a_1 + a_2 + \cdots + a_m = 1$，令 $\underline{A} = (a_1, a_2, \cdots, a_m)$，则 $\underline{A}$ 为反映因素权重的模糊集（即权向量）。

由权向量与模糊矩阵进行"合成"得到综合隶属度 $\underline{B}$，即通过模糊运算 $\underline{B} = \underline{A} \odot \underline{R}$，求出模糊集 $\underline{B} = (b_1, b_2, \cdots, b_n)(0 \leqslant b_j \leqslant 1)$，其中 $b_j = \sum\limits_{i=1}^{m} a_i r_{ij} [M(\cdot, +)]$。

根据最大隶属度准则，$b_{i0} = \max\limits_{1 \leqslant j \leqslant n}\{b_j\}$ 所对应的分级即为危险性等级 i_0。

在实际运用模糊综合评判的过程中，常常首先遵循地质和灾害发生的规律，将评价目标分划为几个子目标，每个子目标又对应数个评价因素指标，对每个子目标进行模糊综合评判，然后再以子目标为评价因素，以对评价总目标进行模糊综合评判，称之为两级模糊综合评判。

国内已有不少成功运用两级模糊综合评判的例子，两级模糊综合评判最大的好处在于分层次评价与人脑通常的思维方式吻合，特别是各个子目标下的因素指标相对较少、便于比较，这样便大幅度降低了确定权重和隶属度的难度。然而子目标的分划常常也不是件很容易的事情，何况往往无法保证各子目标所对应的因素指标完全独立。

两级模糊综合评判的数学原理和方法与一级模糊综合评判完全相同，此处不再赘述。

4.5.2　信息量法

信息量法是由信息论发展而来的一种评价预测方法。信息论是由 Shannon C E 创立的，他首先提出了信息概念及信息熵的数学表达。晏国珍先生首先将信息论引入到滑坡预测，继而被许多学者广泛应用到地质环境质量评估和地质灾害危险性评价中。

信息量法通过计算诸影响因素对斜坡变形破坏所提供的信息量值叠加，作为预测的定量指标。其具体计算过程如下：

首先，计算单因素（指标）x_i 提供给滑坡地质灾害发生（A）的信息量 $I(x_i, A)$：

$$I(x_i, A) = \lg \frac{P(x_i/A)}{P(x_i)}$$

式中 $P(x_i/A)$ ——滑坡发生条件下 x_i 出现的概率；

$P(x_i)$ ——研究区指标 x_i 出现的概率。

具体运算时，总体概率用样本频率计算，即

$$I(x_i, A) = \lg \frac{P(N_i/N)}{S_i/S}$$

式中 S——预测区总单元数；

N——预测区已知发生滑坡的单元总数；

S_i——含有 x_i 的单元个数；

N_i——含有指标 x_i，并且已经发生了滑坡的单元个数。

其次，计算某一单元在 P 种因素组合情况下，提供边坡变形破坏的信息量，即

$$I(x_i, A) = \lg \frac{N_i/N}{S_i/S}$$

式中符号意义同前。

根据单元 I_i 的大小，确定单元危险性等级：

$I_i < 0$，该单元发生地质灾害的可能性小于区域平均发生地质灾害的可能性。

$I_i = 0$，该单元发生地质灾害的可能性等于区域平均发生地质灾害的可能性。

$I_i > 0$，该单元发生地质灾害的可能性大于区域平均发生地质灾害的可能性。

即单元信息量值越大，地质灾害越易发生。

经统计分析（主观判断或聚类分析）找出分界点，将所得结

果转化为相应的危险性程度。

4.5.3　多元回归

多元统计方法包括多元回归分析、逐步回归分析。多元分析方法具有很严密的数学推理，自然也必须在满足其苛刻的应用条件（即各因素之间不相关、因素与目标线性强相关）的前提下才能得出较好的结果。但是，在实际评价过程中，往往已知样本的取得已经是非常困难的一件事，更为糟糕的是形成的已知样本常常通不过假设检验。因此这种方法在鲁棒性上较神经网络、模糊综合评判要差一些，其应用也相应受到一定的限制。下面对多元线性回归的原理作一阐述。

（1）线性回归方程的建立。设变量 y 与变量 $\chi_1,\chi_2,\cdots,\chi_p$ 有关，则其 p 元线性回归模型为

$$y = \beta_0 + \beta_1\chi_1 + \beta_2\chi_2 + \cdots + \beta_p\chi_p + \varepsilon$$

其中，ε 是随机误差。对 y 及 $\chi_1,\chi_2,\cdots,\chi_p$ 作 n 次抽样得到 n 组数据：

$$y_a : x_{1a}, x_{2a}, \cdots, x_{pa}, \varepsilon_a (a = 1, 2, \cdots, n)$$

其中，y_a 为样本值，ε_a 为遵从正态分布 $N(0,\sigma^2)$ 的 n 个相互独立同分布的随机变量，$a = 1,2,\cdots,n$。

于是有

$$y_a = \beta_0 + \beta_1 x_{1a} + \beta_2 x_{2a} + \cdots + \beta_p x_{pa} + \varepsilon_a$$

设 $b_0, b_1, \cdots, b_p$ 分别为参数 $\beta_0, \beta_1, \cdots, \beta_p$ 的估计值，则得回归方程：

$$\hat{y} = b_0 + b_1 x_{1a} + \cdots + b_n x$$

式中　$\hat{y}$——回归值。

$y_a - \hat{y_a}(a = 1,2,\cdots,n)$ 为残差，它刻画了样本值与回归值的偏差。

根据最小二乘法使残差平方和达到最小的原理，即

$$Q = \sum_a (y_a - \hat{y_a})^2 = \sum_a (y_a - b_0 - b_1 x_{1a} - \cdots - b_p x_{pa})^2$$

根据微积分极值原理，$b_0, b_1, \cdots, b_p$ 必须满足：

$$\frac{\partial Q}{\partial b_0} = 0, \frac{\partial Q}{\partial b_1} = 0 \quad (i = 1, 2, \cdots, p)$$

即

$$\sum_{a=1}^{p} (y_a - \hat{y_a})^2 = 0, \sum_{a=1}^{p} (y_a - \hat{y_a}) x_{ia} = 0 \quad (i = 1, 2, \cdots, p)$$

得到：

$$b_0 = \bar{y} - b_1 \overline{x_1} - b_2 \overline{x_2} - \cdots - b_p \overline{x_p} = \bar{y} - \sum_{k=1}^{p} b_k \overline{x_k}$$

其中，$\overline{x_i} = \frac{1}{n} \sum_{a=1}^{n} x_{ia}, i = 1, 2, \cdots, p, \overline{y_a} = \frac{1}{n} \sum_{a=1}^{n} y_a$

将 b_0 代入得到一线性方程组：

$$\sum_{k=1}^{p} b_k S_{ik} = S_{iy} \quad (i = 1, 2, \cdots, p)$$

即

$$\begin{cases} S_{11}b_1 + S_{12}b_2 + \cdots + S_{1p}b_p = S_{1y} \\ S_{21}b_1 + S_{22}b_2 + \cdots + S_{1p}b_p = S_{2y} \\ \quad\quad\quad\quad\quad \vdots \\ S_{p1}b_1 + S_{p2}b_2 + \cdots + S_{pp}b_p = S_{py} \end{cases}$$

记系数矩阵：

$$S = \begin{bmatrix} S_{11} & S_{12} & \cdots & S_{1p} \\ S_{21} & S_{22} & \cdots & S_{2p} \\ \vdots & \vdots & & \vdots \\ S_{p1} & S_{p2} & \cdots & S_{pp} \end{bmatrix}$$

其中，$S_{ij} = \sum_{a=1}^{n} (x_{ia} - \overline{x_i})(x_{ja} - \overline{x_j}) \quad (i = 1, 2, \cdots, p)$

解出 $b_1, b_2, \cdots, b_p$，并解出 b_0 代入即得多元回归方程。

（2）回归方程的预测和外推。在使用回归方程前，必须对回归方程和回归系数进行检查，如果通过了显著性检查，就可以进行回归方程的预测和外推。在预测区，划分出评价预测单元（共 k 个），选出评价因素 p 个，利用已建立的回归方程 $\hat{y} = b_0 + b_1 \overline{x_1} + b_2 \overline{x_2} + \cdots + b_p \overline{x_p}$ 可进行预测，将评价单元 i 的各评价因素 $x_1^{(i)}, x_2^{(i)}, \cdots, x_p^{(i)}$ （$i = 1, 2, \cdots, k$）代入回归方程，得到 $\hat{y}^{(i)} = b_0 + b_1 x_1^{(i)} + b_2 x_2^{(i)} + \cdots + b_p x_p^{(i)}$，用 $\hat{y}^{(i)}$ 作为 $y^{(i)}$ 的估计。

4.5.4　各种评价模型的比较和讨论

在 Aleotti P 等人研究的基础上，现将各种评价模型与方法的优缺点总结分析，不同评价方法的优缺点及其适用范围见表 4.2。

表 4.2　　不同评价方法的优缺点及其适用范围

方　　法	优　　点	缺　　点
野外现场分析判断	允许考虑大量因素快速评价	存在一定的人为随意性 判断规则隐含 评价结果正确性难以评判
加权打分法（含模糊综合评判）	使用隐含规则解答问题 各步骤完全自动 数据管理标准化	因素各状态打分（或隶属度确定）困难 因素权重确定困难
监测类比法	允许不同斜坡间的比较 数学上严格	需要埋置设备取得监测数据 主要运用于低速滑坡
统计分析	方法客观 各步骤完全自动 数据管理标准化	收集和分析与不同因素相关的数据困难，仅适合大范围评价
稳定性计算（确定性方法）	客观、可靠 结果定量	需对研究区有详细的了解，常需大量试验 无法在大范围内实施 未考虑各种不确定性

续表

方　法	优　点	缺　点
破坏概率方法	允许考虑不确定性 定量、客观 提供了确定性方法所没有的新视角	如没有翔实的数据，则仍需进行主观概率分析 概率分布很难获得，特别是对于低水平的危险性和风险 无法在大范围内实施
神经网络	方法上客观 淡化对问题机理方面的分析	已知样本获取困难 解释和验证结果困难

表 4.2 中对各种评价模型和方法的优缺点的评判，工程地质界基本上已形成了共识。Aleotti P 等认为，虽然神经网络的运用相对不那么普遍，但神经网络试图以很简单的方式模拟人脑的机能，近年来在解决土木工程和斜坡稳定性评价中证明是有效的，近来的研究也一次次证明了神经网络是一个有力的、多功能的、颇具应用前景的、基于计算机的工具，并特别强调神经网络最大的优点在于运用中不需要关于问题机理方面的理论知识。对于这一看法，有研究认为虽然表面上看起来神经网络的运用非常简便，但是首先已知样本的选定是一件很困难的事情；其次，由于神经网络是一个黑箱，因此其评价结果的解释也相对要困难得多。更何况，神经网络是模拟人脑的功能，倘若对问题的内在机理完全不清楚，那么也很难理解神经网络得出的结果。

表 4.2 中提到的监测类比法，通过对典型斜坡的各个控制和影响因素及其变形发展状况进行长期监测，以求分析找出控制影响因素与斜坡变形破坏之间的相互关系式，然后将之外延到环境背景和结构特征与之相似的其他斜坡的稳定性评价预测上。有一点是可以肯定的，相比其他方法而言，此法更崇尚实证的研究精神，这种方法在环境条件和滑坡地质灾害类别、成因机理都相对比较单一的评价区域内是有望取得较好的评价预测结果的。只是需要投入大量的人力物力来进行监测，投入不

菲而且周期长，可推广性较差。加之我国滑坡地质灾害广泛分布发育的西部山区环境背景条件往往十分复杂、滑坡地质灾害多种多样，因而此法在今后相当长时间内恐怕都很难在我国有大范围的实质性应用。

同样的原因，现阶段单纯依靠确定性方法或破坏概率方法来解决我国地质灾害的危险性评价和区划问题也是不太现实的。

如前所述，上述各个模型各有优缺点，很难简单地说应该采用哪个丢弃哪个，只能在实际运用中结合研究区的实际情况灵活取舍、综合运用。

针对天山地区的环境特征和数据特点，本研究选择了模糊综合评价、信息量法和多元回归作为评价模型。其中模糊综合评判是应用模糊变换原理的最大隶属度原则进行评判，不需要已知样本；而信息量法和多元回归是根据已知样本，建立评判方程来推导未知区域的危险度。因此在这三种方法中，模糊综合评判的灵活性最高，但是对于不同区域，其隶属度函数往往不同，因此应用起来也有一定的困难；多元回归模型和信息量都需要已知样本，而多元回归往往不能通过假设检验，因此这种方法在鲁棒性上较神经网络、模糊综合评判要差一些，其应用也相应受到一定的限制。信息量法在获取样本的基础上，使用起来较为简单。

第5章 公路地质灾害危险性微观评价研究

地质灾害危险性微观评价，即通过对单体灾害地形地貌等因素进行采集和整理，建立专家知识库和模型库，分灾害类型（泥石流、水毁、斜坡）调用相应的评价模型对灾害危险度进行计算并分级。

微观评价既可以看作对宏观评价的细化，也可以作为针对具体灾害的危险性分级计算。

5.1 泥石流灾害评价

目前，天山公路全线各类泥石流共有234处（包括坡面泥石流和沟谷泥石流），其中北段有53处，中段有3处，南段有178处。天山公路泥石流统计表见表5.1。

表5.1 天山公路泥石流统计表

序号	起止里程	所属养路段	路线长度 /km	泥石流数目 /处	分布密度 /(处/km)
1	K552～K724	独山子所	172	53	0.31
2	K724～K906	那拉提段	182	3	0.02
3	K906～K1089	天山段	183	178	0.97
合计			537	234	0.44

注 天山公路起点为独山子，终点为库车，全长537km；对1条泥石流沟影响多组盘山道时分计为多处泥石流。

研究发现，天山公路泥石流大都处于发展期，其后势潜伏灾害巨大；目前对公路病害也呈逐渐加强趋势，并且对公路构成局部段落毁灭性灾害的泥石流也有一定的数量，天山公路正面临着严重泥石流病害威胁的考验。查明天山公路沿线泥石流沟的自然地理特征、现状和将来及其危害程度并进行危险度区划研究、评估，对社会经济和生产实践具有较大的价值和意义。

通过研究判别，对天山公路危害较大的泥石流沟共有 89 处，分布于天山南北，具有典型代表性和极佳的研究价值。其中，特大型沟谷泥石流 12 条，大中型沟谷泥石流 30 条，小型沟谷泥石流 41 条；另外，典型坡面泥石流（公路通过泥石流物源区，泥石流沟道未发育成型）6 处，天山公路沿线泥石流发育阶段统计如图 5.1 所示。

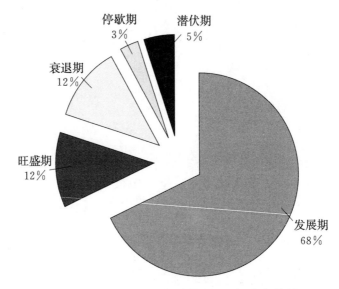

图 5.1　天山公路沿线泥石流发育阶段统计

研究区泥石流根据其流域环境动态因素的变化，在野外实地调查的基础上，对各因素进行综合评判并量化得分。在区域内反映泥石流活动条件的诸因素中，选择了 15 项有代表性的因素进行量化处理，通过专家打分法确定泥石流的易发性。下面简要介绍十五因子法，即专家打分法。

专家打分法是一种最常用、最简单、且易于应用的危险性分析方法。该方法具体步骤如下：

（1）根据风险识别的结果，确定每个风险因素的权重，以表征其对项目影响程度。

（2）确定每个风险因素的等级值，等级值按可能性很大、比较大、中等、不大、较小这五个等级。这是一种主观划分，等级数量及分值可作调整。

（3）将每项风险因素的权重和相应等级分值相乘，求出该项风险因素的得分。得分高者对工程项目影响大。

（4）逐项将各风险因素的得分相加，可求得该工程项目风险因素的总分也叫风险度，总分越高，风险越大。

泥石流沟严重程度数量化评分表见表 5.2，泥石流沟数量化和评判等级标准表见表 5.3。结合这两项指标，对各泥石流易发程度进行的综合评分判别。

表 5.2　　　　　泥石流沟严重程度数量化评分表

序号	影响因素	权重	量级划分							
			严重（A）	得分	中等（B）	得分	轻微（C）	得分	一般（D）	得分
1	崩塌、滑坡及水土流失（自然和人为的）的严重程度	0.159	崩塌滑坡等重力侵蚀严重，多深层滑坡和大型崩塌，表土疏松，冲沟十分发育	21	崩塌滑坡发育．多浅层滑坡和中小型崩塌，有零星植被覆盖，冲沟发育	16	有零星崩塌、滑坡和冲沟存在	12	无崩塌、滑坡、冲沟或发育轻微	1
2	泥沙沿程补给长度比/%	0.118	＞60	16	30～60	12	10～30	8	＜10	1
3	沟口泥石流堆积活动程度	0.108	河形弯曲或堵塞，大河主流受挤压偏移	14	河形无较大变化，仅大河主流受迫偏移	11	河形无变化，大河主流在高水位不偏，低水位偏	7	无河型变化，主流不偏	1

续表

序号	影响因素		权重	量级划分							
				严重（A）	得分	中等（B）	得分	轻微（C）	得分	一般（D）	得分
4	河沟纵坡	(°)	0.090	>12	12	6～12	9	3～6	6	<3	1
		‰		213		105～213		52～105		52	
5	区域构造影响程度		0.075	强抬升区，6级以上地震区，断层破碎带	9	抬升区，4～6级地震区，有中小支断层或无断层	7	相对稳定区，4级以下地震区有小断层	5	沉降区，构造影响小或无影响	1
6	流域植被覆盖率/%		0.067	<10	9	10～30	7	30～60	5	>60	1
7	河沟近期一次变幅/m		0.062	2	8	1～2	6	0.2～1	4	0.2	1
8	岩性影响		0.054	软岩、黄土	6	软硬相间	5	风化和节理发育的硬岩	4	硬岩	1
9	沿沟松散物贮量/（万 m³/km²）		0.054	>10	6	5～10	5	1～5	4	<1	1
10	沟岸山坡坡度	(°)	0.045	>32	6	25～32	5	15～25	4	<15	1
		‰		625		466～625		286～466		268	
11	产沙区沟槽横断面		0.036	V形谷、谷中谷、U形谷	5	拓宽U形谷	4	复式断面	3	平坦型	1
12	产沙区松散物平均厚度/m		0.036	>10	5	5～10	4	1～5	3	<1	1
13	流域面积/km²		0.036	0.2～5	5	5～10	4	0.2以下或10～100	3	>100	1

续表

序号	影响因素	权重	量级划分							
			严重（A）	得分	中等（B）	得分	轻微（C）	得分	一般（D）	得分
14	流域相对高差/m	0.030	>500	4	300～500	3	100～300	2	<100	1
15	河沟堵塞程度	0.030	严重	4	中等	3	轻微	2	无	1

表 5.3　　　　泥石流沟数量化和评判等级标准表

等级	按标准得分 N 的范围自判
严重	116～130（$r \leqslant 0.75$）
中等	87～115（$0.5 \leqslant r < 0.75$）
轻微	44～86（$0.25 \leqslant r < 0.5$）
一般	15～43（$r < 0.25$）

　　另外，为进一步规范这种方法，可对专家的评价分权威性确定一个权重值。该权威性的取值在 0.5～1.0 间。每位专家评定的危险度乘以各自的权威性的权重，所得之积合计后再除以全部专家权威性权重和，即为最终的泥石流危险性。

5.2　水毁灾害评价

　　通过对公路路基水毁分布、防护现状的调查，对国道 217 线天山公路段全线的水毁以 10km 为基本分段长度进行统计，得出公路沿线水毁分布总体特征为国道 217 线天山公路有效公里数 513.2km，其中，水毁段为 49.28km，水毁占总里程的 9.6%，严重影响交通的运行。为了更加准确的计算出水毁发生的危险度，首先要选定合理的评价指标，然后对评价指标进行定量，最后把定量指标按一定的规则进行组合，得到一个综合指标值，根据综合指标值对各段水毁进行危险度评价。

本研究在充分分析天山山区公路水毁特性的基础上，对天山公路水毁危险度进行评价，在注重危险度评价系统的相似性、整体性、代表性、实用性等原则的基础上，选取水毁密度（k_p、k_l）、水毁强度（k_s）、水毁频率（k_f）等参数划分水毁危险度。

在确定了评价指标以后，对各个指标进行分级和定量。具体步骤如下：

（1）路基水毁分布密度。水毁密度是进行水毁危险度评价的基本指标，根据水毁综合密度的大小，把沿线公路水毁分布密度分为 A、B、C、D、E 共 5 级。为计算方面，在评价指标中，把 A、B、C、D、E 分别用 5、4、3、2、1 表示，见表 5.4。

表 5.4　　　　　　公路路基水毁分布密度分类指标表

分　级		极大	较大	中等	较小	极小或无
代　号		A	B	C	D	E
指标	点密度（k_p）/（处/km）	>1.5	1.5～1.0	1.0～0.4	0.4～0.1	<0.1
	线密度（k_l）/（m/km）	>150	150～100	100～40	40～10	<10
	综合指标（k_m）	>150	150～100	100～40	40～10	<10

（2）路基水毁的毁坏强度。路基水毁分为 5 种强度等级：①整段路基全部毁坏；②把路基在横断面大部分破坏；③路基横断面上少部分破坏，但安全性能大大降低；④路基及外边坡少部分破坏但影响不大；⑤路径很少量破坏或无破坏。

根据 5 个强度，可以分为 5 个区域，即 5 个级别，指标值 k_s 对应的一、二、三、四、五共 5 个等级，依次用 5、4、3、2、1 表示，见表 5.5。

（3）路基水毁发生的频度。路基水毁发生的频度，即一段路基其先后两次水毁时间间隔的长短。水毁的发生频度（k_f）同样分为 5 级，即一级是每年都有水毁发生；二级是 1～3 年内，发生 1 次水毁；三级是 3～6 年发生 1 次水毁；四级是 6～10 年发生 1 次水毁；五级是两次水毁的间隔期大于 10 年。对各级进行赋值，一级、二级、三级、四级、五级对应的值为 5、4、3、2、1，见表 5.5。

表 5.5 沿河路基水毁危险度分级评价指标及其指标值

项目		各级指标和评价指标值				
分布密度	级别	极大（A）	较大（B）	中等（C）	较小（D）	极小或无（E）
	指标 k_m/(m/km)	＞150	100～150	40～100	10～40	＜10
	评价指标值 k_m	5	4	3	2	1
毁坏强度	级别	极强（一）	强（二）	中（三）	弱（四）	极弱（五）
	指标	路基全毁	路基大部分毁坏	路基少部分毁坏	路基及外边坡少量破坏	少量破坏或无破坏
	评价指标值 k_s	5	4	3	2	1
发生频度	级别	高	较高	中	较低	低
	指标/(a/次)	≥10	7～9	4～6	1～3	＜1
	评价指标值 k_f	5	4	3	2	1

（4）路基水毁危险度综合评价指标值的确定。上述 3 个指标，是从不同的侧面反应某水毁段的危险度，但它们之间又相互影响，水毁密度和水毁频度是"或"的关系，而水毁强度与水毁密度、水毁频度是"与"的关系。基于此，天山公路水毁危险性评价数学模型建议采用下式计算：

$$k_c = (k_m + k_f)k_s$$

式中 k_c——水毁危险度分级的综合评价指标值，对于路基水毁危险度分段采用五级：极度危险段（Ⅴ）、高度危险段（Ⅳ）、中度危险段（Ⅲ）、低度危险段（Ⅱ）、微度危险段或无（Ⅰ），各级的相应综合指标值（k_c）区间是根据上述论证及各单个因素取值得到的，沿河路基水毁危险度分段名称、代号和综合评价指标值见表 5.6。

表5.6   沿河路基水毁危险度分段名称、代号和综合评价指标值

级（度）/别	名称	极度危险段	高度危险段	中度危险段	低度危险段	微度危险段或无
	代号	V	Ⅳ	Ⅲ	Ⅱ	Ⅰ
综合评价指标值		30～50	20～30	12～20	6～12	＜6

5.3   斜坡灾害评价

影响斜坡稳定性的因素主要有地形地貌、岩性、斜坡结构类型、降水、地震等。地形地貌是各类地质灾害发生的基础和背景；岩性是滑坡产生的内在决定因素，不同的岩性及其组合关系对斜坡的变形破坏起着重要的作用；斜坡结构类型往往决定着斜坡变形破坏的方式和变形破坏的强度，一般情况下，顺向坡稳定性较差，切向坡次之；水是滑坡最为敏感的因素之一，地下水在径流的过程中产生动水压力和静水压力，促使坡体破坏；地震是造成边坡破坏的触发因素之一，许多大型崩塌或滑坡的发生与地震相关。

天山公路沿线构造运动强烈，河谷深切，导致区内地形起伏很大，斜坡陡峭，为滑坡的发育提供了很好的地形条件。沿线滑坡都是发育在坡度大于20°，相对高差大于10m的斜坡上。天山G217线6处滑坡中，蛇纹岩滑坡（H1）和安山岩滑坡（H3）都是岩浆岩出露地带，经开挖后形成的滑坡。凝灰质砂岩滑坡（H4）是一顺向滑坡，片岩滑坡（H6）片理发育，易形成滑坡。

为了对区内斜坡的危险度进行度量，系统采用Q系统分级、RMR系统分级、TSMR分级和二级模糊综合评判法对单体滑坡的危险度进行预测。下面简要介绍这几种算法。

（1）Q系统分级。该方法是1974年在挪威由Barton、Lien和Lunde提出的，该系统的分类采用岩体资料、质量指数（quality index of rock mass，Q）作为分类的依据，其公式为

$$Q = \frac{RQD}{J_n} \frac{J_r}{J_a} \frac{J_w}{SRF}$$

式中 RQD ——岩石质量指标；

J_n —— 裂隙组系数；

J_r —— 裂隙面粗糙系数；

J_a —— 裂隙风化变异系数；

J_w —— 裂隙水折减系数；

SRF —— 应力折减系数。

裂隙组系数 J_n、裂隙面粗糙系数 J_r、隙风化变异系数 J_a、裂隙水折减系数 J_w 和应力折剪系数 SRF 见表 5.7～表 5.11。

表 5.7   **裂 隙 组 系 数 J_n**

裂隙指数	J_n
（1）块状，没有或很少裂隙	0.5～1.6
（2）一组裂隙	2
（3）一组裂隙并有随机裂隙	3
（4）二组裂隙	4
（5）二组裂隙并有随机裂隙	6
（6）三组裂隙	9
（7）三组裂隙并有随机裂隙	12
（8）裂隙在四组以上，严重裂隙化	15
（9）碎裂岩石，似土状的	20

表 5.8   **裂 隙 面 粗 糙 系 数 J_r**

裂隙面情况	J_r
（1）裂隙壁直接接触	
（2）剪位达到 10cm 前裂隙壁直接接触：	
1）不连续裂隙；	3
2）粗糙或不规则的，起伏的；	2
3）光滑的，起伏的；	1.5
4）镜面的，起伏的；	1.5
5）粗糙或不规则的，平直的；	2.5
6）光滑的，平直的；	1
7）镜面，平直的	0.5

续表

裂隙面情况	J_r
（3）剪切时裂隙壁不直接接触：	
1）含有厚度足以阻碍隙壁接触的黏土带；	1.0
2）含有厚度足以阻碍隙壁接触的砂质，砾质或碎裂带	1.0

表5.9　　　　　隙 风 化 变 异 系 数 J_a

裂隙风化变异情况	J_a
（1）隙壁直接接触：	
1）严密愈合的，坚硬、不透水的充填物；	0.75
2）为变异的裂隙壁，仅表面有斑染；	1.0
3）微变异的裂隙壁，有非软化的矿物敷膜或风化砂粒；	2.0
4）粉质或沙质土敷膜，有少量黏土成分；	3.0
5）软化的或低摩擦的黏土矿物敷膜	4.0
（2）剪位移达到10cm之前，隙壁相接触：	
1）风化砂粒充填；	4.0
2）紧密固结的，有非软化矿物组成的黏土充填；	6.0
3）中等或低固结的，有软化矿物组成的黏土充填；	8.0
4）膨胀性黏土充填物	8.0～12.0
（3）剪切是隙壁不直接接触：	
1）破碎或碎裂岩石和黏土条带；	6.0，8.0
2）粉质或砂质黏土条带，含有少量黏土成分；	5.0
3）厚的、连续的黏土条带	10.0，13.0

表5.10　　　　　裂 隙 水 折 减 系 数 J_w

裂隙水情况	J_w
（1）开挖时干燥，或有局部小水流	1.0
（2）中等水流或具有中等压力，偶尔冲出裂隙充填物	0.66
（3）在含未充填裂隙的坚硬岩石中有大水流或高承压水	0.5
（4）大水流或高水压，有颇多的裂隙充填物被冲出	0.33
（5）特大水流或高水压，随时间而衰减	0.1～0.2
（6）特大水流或高水压，不随时间而衰减	0.05～0.1

表 5.11 **应力折减系数 *SRF***

岩体情况	*SRF*
（1）与开挖方向交叉的软弱带，当开挖隧洞时会导致岩体松动：	
1）含黏土或化学风化岩石的软弱带多次出现，围岩很松散；	10
2）含黏土或化学风化岩石的单一软弱带（开挖深度不大于 50m）；	5
3）含黏土或化学风化岩石的单一软弱带（开挖深度大于 50m）；	2.5
4）坚实岩石中多个剪切带（无黏土），围岩松动；	7.5
5）坚实岩石中一个剪切带（无黏土）（开挖深度不大于 50m）；	5
6）坚实岩石中一个剪切带（无黏土）（开挖深度大于 50m）；	2.5
7）松动张开的裂隙，严重裂隙化或呈小块状等	5
（2）坚硬岩石，岩石应力问题：	
1）低应力，接近地表；	2.5
2）中等应力；	1
3）高应力，结构紧密；	0.5～2.0
4）中等岩爆（块状岩石）；	5～10
5）严重岩爆（块状岩石）	10～20
（3）挤出的岩石，在高度岩石应力下不坚实岩石的塑性流动：	
1）中等挤出的岩石；	5～10
2）严重挤出的岩石	10～20
（4）膨胀岩石，膨胀取决于水的进入：	
1）中等膨胀岩石；	5～10
2）严重膨胀岩石	10～15

其实现步骤为通过分别选择对应的 J_n、J_r、J_a、J_w 和 SRF 等，得到岩石的分类级别 Ⅰ～Ⅳ 级：0～0.938，很坏，属于第 Ⅳ 级；0.938～3.75，坏，属于第 Ⅲ 级；3.75～7.2，一般，属于第 Ⅱ 级；7.2～60，好，属于第 Ⅰ 级。

（2）*RMR* 系统分级。*RMR* 系统分级与 *Q* 系统方法有点类似，不同之处在与其选择参数的方法有点不同，岩体地质力学分类岩体权值系统见表 5.12，在选择"岩石材料强度"选项时采用了单选框，因为岩石材料强度包括两个内容，分别根据不同的情况来选择，而在"地下水条件"选项中必须同时满足两个条件：即"隧道流水量""节理水压"。通过选择以上 5 个选项的参数，利用公式 $RMR = RMR\_1 + RMR\_2 + RMR\_3 + RMR\_4 + RMR\_5$，根据权值计算 RMR 值，根据表 5.13 确定岩体分级。该方法在对岩体本身质量的评定方面比较完善，但是未详细考虑对边坡稳定性起重要作用的控制性结构面的影响。

（3）$TSMR$ 法。$TSMR$ 法是根据天山公路的实际情况，进一步将边坡稳定性的影响因素归结为岩性、结构面条件、岩体结构类型、冻融作用、边坡高度、地下水作用等；对已有评价模型进行修正后，建立适合于天山公路边坡的评价模型。该模型对坡高修正系数 ξ、不连续面-边坡面产状关系进行调整后，引入冻融作用系数 δ 进行计算，该方法是最有针对性的一种方法。该法可以表达为下式：

$$TSMR = \delta \xi RMR - \lambda(F_1 F_2 F_3) + F_4$$

式中　　　　ξ——坡高修正系数；

δ——冻融作用修正系数；

λ——结构面系数；

F_1、F_2、F_3、F_4——不连续面产状调整值，其中 F_1 的值取决于不连续面与边坡面的走向的相近程度，F_2 由平面破坏模式的不连续倾角大小确定，F_3 反映了不连续面倾角与坡面倾角间的关系，F_4 是通过工程实践经验获得的边坡开挖方法调整参数。

岩体地质力学分类（岩体权值系统）见表 5.12，RMR 岩体质量分级表见表 5.13，不连续面产状调整值见表 5.14，边坡开挖方法调整值见表 5.15，结构面条件系数 λ 见表 5.16，岩石冻融作用修正系数 δ 见表 5.17，边坡高度修正系数 ζ 见表 5.18。

$TSMR$ 的值由 RMR、F_1、F_2、F_3、F_4 及相应的 ξ、δ、λ 组合而成。其最大值为 100，最小值为 0，以 20 分为间隔，划分为 5 个级别，见表 5.19。

表 5.12　　　　　　岩体地质力学分类（岩体权值系统）

参　数		数　值　范　围						
1	未扰动岩石材料强度	点荷载强度指标/MPa	>10	4~10	2~4	1~2	在此低范围内进行单轴压缩测试		
		单轴压缩强度/MPa	>250	100~250	50~100	25~50	5~25	1~5	<1
		权值	15	12	7	4	2	1	0
2	钻孔岩芯质量 RQD/%		90~100	75~90	50~75	25~50	<25		
	权值		20	17	13	8	3		
3	不连续面间距		>2m	0.6~2m	200~600mm	60~200mm	<60mm		
	权值		20	15	10	8	5		
4	不连续面条件		粗糙表面，不连续不分离，岩壁未风化	轻微粗糙表面，分离度<1mm，岩壁轻微风化	轻微粗糙表面，分离度<1mm，岩壁高度风化	光滑表面，充填物<5mm，分离度1~6mm，连续	软弱充填>5mm，分离度>5mm，连续		
	权值		30	28	20	10	0		
5	地下水[①]	每10m隧道流水量/(L/min)	无	10	10~25	25~125	>125		
		节理水压/最大主应力	0	<0.1	0.1~0.2	0.2~0.5	>0.5		
		一般条件	完全干燥	潮	湿	淋水	涌水		
	权值		15	10	7	4	0		

① 地下水的 3 个参数为并列关系，只要满足其中一个参数的数值范围，其权值即可确定。

表 5.13　　　　　　RMR 岩体质量分级表

类别	V	IV	III	II	I
RMR 值	0~20	21~40	41~60	61~80	81~100
岩体分级	很差	差	中等	好	很好

表 5.14　　　　　　　　　　不连续面产状调整值

条件	很有利	有利	一般	不利	很不利
$\lvert \alpha_j - \alpha_s \rvert$ $\lvert \alpha_j - \alpha_s - 180° \rvert$	>30°	20°~30°	10°~20°	5°~10°	<5°
F_1	0.15	0.40	0.70	0.85	1.00
条件	很有利	有利	一般	不利	很不利
$\lvert \beta_j \rvert$	<20°	20°~30°	30°~35°	35°~45°	>45°
F_2	0.15	0.40	0.70	0.85	1.00
条件	很有利	有利	一般	不利	很不利
$\beta_j - \beta_s$	>10°	0°~10°	0°	−10°~0°	<−10°
$\beta_j - \beta_s$	<110°	110°~120°	>120°		
F_3	0	6	25	50	60

注　α_s 为边坡倾向；α_j 为不连续面倾向；β_s 为边坡倾角；β_j 为不连续面倾角。

表 5.15　　　　　　　　　　边坡开挖方法调整值

开挖方法	自然边坡	预裂爆破	光面爆破	一般方法或机械开挖	欠缺爆破
F_4	+15	+10	+8	0	−8

表 5.16　　　　　　　　　　结 构 面 条 件 系 数 λ

结构面条件	断层、夹泥层	层面、贯通裂隙	节理
λ	1.0	0.8~0.9	0.7

表 5.17　　　　　　　　　　岩石冻融作用修正系数 δ

岩石类型	坚硬岩	较坚硬岩	较软岩	软岩
δ	≥0.9	0.7~0.9	0.5~0.7	≤0.5

表 5.18　　　　　　　　　　边坡高度修正系数 ξ

条件	当 $\beta_j < \beta_s$ 时 $\lvert \alpha_j - \alpha_s \rvert < 60°$ 或 $\lvert \alpha_j - \alpha_s \rvert > 300°$		$\beta_j > \beta_s$ 或 $60° < \lvert \alpha_j - \alpha_s \rvert < 300°$
坡高修正系数 ξ	$\xi_1 = 0.82 + 9.03/H$		$\xi_2 = 0.88 + 10.0/H$

注　α_s 为边坡倾向；α_j 为控制性结构面倾向；β_s 为边坡倾角；β_j 为控制性结构面倾角。

表 5.19 **TSMR 分 级 描 述 表**

级别	V	IV	III	II	I
TSMR	<20	21~40	41~60	61~80	>80
稳定性	很坏	坏	一般	好	很好

　　(4) 模糊综合评判法。模糊综合评判方法是应用模糊关系合成的特性，从多个指标对被评价事物隶属等级状况进行综合性评判的一种方法，它把被评价事物的变化区间做出划分，又对事物属于各个等级的程度做出分析，这样就使得对事物的描述更加深入和客观，故而模糊综合评判方法既有别于常规的多指标评价方法，又有别于打分法。该方法在地质灾害危险性宏观评价中已作介绍，在此不再累述。

第 6 章　公路地质灾害防治决策支持研究

通过对天山公路沿线地质灾害危险性的宏观和微观评价，可以得到全区域以及灾害单体的危险性级别，从而为后续的工作提供参考依据。诚然，对于危险度大的地质体，如何进行防治决策也是必须考虑的一个重要问题，在系统中，通过四库一体的设计，从模型、方法、知识、数据四个角度出发，对天山公路沿线的地质灾害防治提供策略，从而为天山公路地质病害的进一步研究和公路修建后的维护提供决策依据。

6.1　四库一体 SDSS 的设计

空间决策支持系统的四库是指模型库、方法库、知识库、数据库这四库。其中模型库、方法库实质是用于决策支持的模型字典和方法字典，知识库存储的信息主要为知识规则，数据库存储的是各模型、方法输入（接口）及输出数据。用户接口是一组程序，其以模型为主导通过调用方法、数据、知识以实现公路地质灾害评价中的智能决策及群体决策。

（1）模型库及模型库管理系统。模型是以某种形式对一个系统的本质属性的描述，以揭示系统的功能、行为及其变化规律，同时向决策者提供更有效的决策手段。模型库是提供模型存储和表示模式的计算机系统。天山公路灾害防治决策子系统是以模型驱动，因此模型库是系统的重要组成部分。系统支持用户从数据库中提取相关数据，从方法库中提取对应的方法，通过计算、推理、比较、选择来分析斜坡、泥石流和水毁的稳定性状态。

地质灾害危险性评价过程中涉及大量的模型，这些模型之间并非相互独立，相反，一个任务往往需要多个模型相互协作才能完成，而一个模型也有可能被多次调用，因此需要建立一个模型库管理系统。模型库管理系统支持对模型的各种操作，如模型运行管理和模型组合，还包括建立、删除、修改和查询。建立新的模型时应在模型库管理系统中录入该模型的应用程序名称，源程序文件名称，帮助文件名称，访问的数据库类型和名称，输入输出的内容和临时文件名称，调用哪些模型和方法，被哪些模型调用等。删除和修改这些信息时应保持系统的完整性，查询模型时则打开相应模型的帮助文件，给用户以详尽的介绍。

（2）方法库及方法库管理系统。方法是指基本算法、数据值预处理、统计检验、统计分析、数值模拟等计算方法，而方法库是各种方法的容器，提供了通用计算、分析、加工处理的能力。在天山公路灾害防治决策子系统中，用户可以根据建模需要从模型库中调出模型，从方法库中选择相应算法，从数据库中提取数据，然后进行计算，输出计算结果。方法库的建立使方法软件实现资源共享，使不同模型可共享同一类方法程序，同一模型可调用多种方法建模，从而提高模型运行效率，节省系统开支。

方法库管理系统是对方法进行管理的软件系统，支持对方法的各种操作，包括建立、删除、修改和查询。利用方法库管理系统，可以随时向方法库中加入新的方法，包括完全新建的方法和组合生成的方法。系统提供统一的接口和适当的执行环境（输入/输出，空间分配等），可以将多种语言编制的方法加以整理入库，能够把库程序和系统程序语言连接起来。

（3）知识库及知识库管理系统。天山公路地质稳定性评价过程中，包含大量的不确定因素的半结构化决策问题，这就需要问题求解的专门知识，除了大量的简单事实外，还包括各种规则和过程性的知识。知识库是领域内陈述性知识和过程性知识的集合，是天山公路灾害防治决策子系统的核心部件之一，库中的知识来源主要有两类，一类是以问题形式抽取的，另一类是解决上述问题的领域专家知识。

知识库中知识有两类，一类是确定性知识，另一类是不确定性知识。前者是领域的事实，通过对国内外大量文献资料进行综合分析整理而获得。后者是通过天山公路工程地质病害研究项目各子研究（包括滑坡、泥石流、水毁、崩塌、碎落及生态环境方面）进行的工程地质调查、现场测试、室内外试验，进行深入的机理分析而获得，包括各类灾害的防治原则、防治对策、防治措施和工程实例等知识。这类知识采用诸如决策树、贝叶斯、遗传算法、神经网络等方法抽取知识。防护的方法与不同地质灾害的参数密切相关，这就构成了因素。而各类灾害本身的差异也使得防护方法不同，这就构成了规则。不同的因素和不同的规则决定着不同的防护方法，防护方法的特点及其描述就是结果。据此，系统的知识库同样也是有因素、规则和结果三个部分组成。

（4）数据库及数据库管理系统。天山公路灾害防治决策子系统涉及大量各种类型数据库，从类型上分有属性数据库、空间数据库、影像库等，从数据状态上分数据库包括静态数据库和动态数据库。静态数据库用来存放系统的初始数据，动态数据库则用来存放系统运行过程中产生的数据，包括推理过程数据和推理结果。数据库是天山公路路害防治决策子系统的一个重要组成部分，存储的是各模型、方法输入（接口）及输出数据，还包括图形数据。

（5）四库一体。由于模型库管理系统、知识库管理系统和方法库管理系统的不完善，单独开发这些管理系统又要浪费过多的人力物力，而数据库与数据库管理系统近年来已经非常成熟和稳定，功能也日趋强大，完全可以用数据库管理系统代替上述模型库管理系统、知识库管理系统和方法库管理系统，因此天山公路灾害防治决策子系统采用四库一体的设计思路，也即把模型库、方法库、知识库和数据库统一起来，将模型、方法、知识和数据都存放在数据库中，统一由数据库管理系统管理。这样不仅避免了开发模型库管理系统、知识库管理系统和方法库管理系统，而且可以简化系统复杂度以提高系统响应速度。

6.2 灾害决策过程

通过研究，天山公路灾害防治决策子系统决策过程如图 6.1 所示。

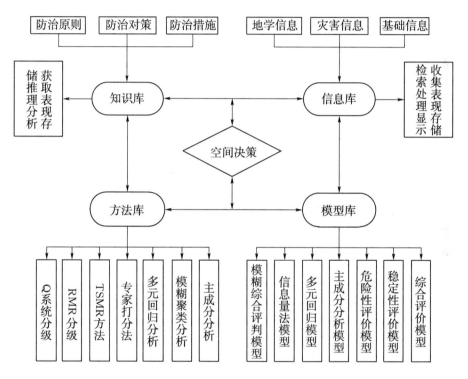

图 6.1 天山公路灾害防治决策子系统决策过程

（1）数据准备。数据准备包括基础信息、地学相关信息和相关灾害信息的收集和整理。将数据进行集成、精简化，采用一定的方法对数据的数量进行缩减，或从初始特征中找出真正有意义的特征以消减数据的维数。为了使计算结果更高效更准确，需要对数据进行应用变换。例如，将不同度量单位数据统一转换为 [0，1] 范围内的数值，从而使得计算更合理更高效。

（2）危险性评价。天山公路灾害防治决策子系统决策过程主要是以模型驱动的。用户从数据库中提取相关数据，从方法库中提取对应的方法，通过计算模型进行计算、推理、比较、选择来分析公路斜坡、泥石流、水毁等地质灾害的危险度状态。

（3）获取决策支持。通过危险性评价结果，结合相关参数计算结果，在具体防护原则的指导下，由决策支持于系统根据当前信息和知识库中的知识，按一定的推理策略推出相应的结论，即防护建议，同时给出相应的防护措施。针对少数重大地质灾害给出工程防护方案。

6.3　泥石流灾害决策支持

6.3.1　泥石流防治原则

（1）预防为主，防先于治。力争主动，尽可能制止灾害发生，努力限制其规模扩大。

（2）综合防治，多方协同。协调各部门，采取相应的经济措施、农林土壤改良措施和工程措施，并从泥石流源地开始，直到被保护的对象为止。

（3）集中解决主要矛盾，单项工程防治。要因地制宜，灵活采取防治措施，对于通过地区人烟稀少的灾害点，可选择仅针对公路、保持其通畅的单项防治措施。

6.3.2　泥石流防治措施

泥石流防治决策流程如图 6.2 所示。通过用户接口进行信息收集，在模型库和方法库中提取适合天山公路地区的泥石流危险度评判模型。计算出危险度（在 ［0，1］ 的范围内）后，根据危险度值进行决策，用户根据实际情况和经验选取泥石流堆积物的分布位置以及泥石流发展阶段，最后，从知识库中提取相应的防治方案和对应的防治措施。

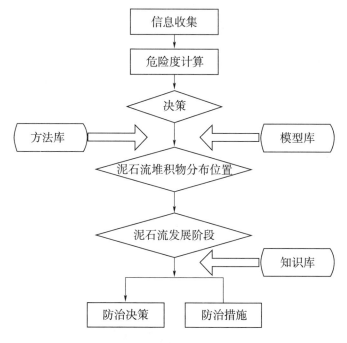

图 6.2　泥石流防治决策流程

　　具体来说，泥石流的防治决策主要分为两部分，其一为泥石流危险度计算，其二即根据危险度选择合适的防治方案。

　　（1）泥石流危险度计算。目前国内在研究公路泥石流危险度方面，理论尚处于探索阶段。而对于区域泥石流危险度的研究，开展工作较多。本书在借鉴成都理工大学唐川教授、中科院成都山地所刘希林研究员等人危险度评判模型的基础上进行了修正，最终建立适合本地区的泥石流危险度评判模型。具体计算方法见5.1 节。

　　（2）防治决策方案及措施。形成区、流通区泥石流防治措施如图 6.3 所示，堆积区泥石流防治措施如图 6.4 所示。

　　防治方案与措施构成了知识库中的结果信息，泥石流防治方案如下：

　　1）展线抬高路线方案。这种方案在绕过路线病害地段经常使用，其缺点是路线爬高，线路长，附近需有开阔地形来展线。

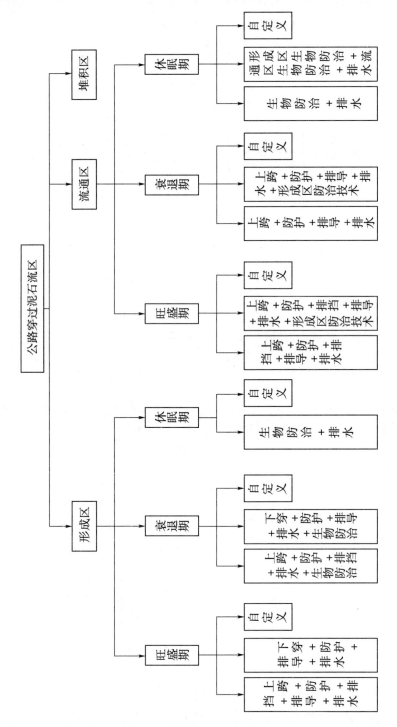

图 6.3　形成区、流通区泥石流防治措施

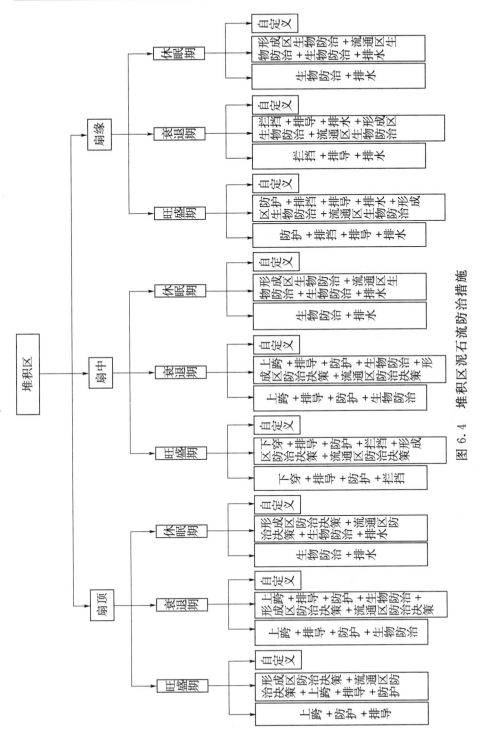

图 6.4 堆积区泥石流防治措施

2）横向通过泥石流地段的方案。常采用经过冲积扇顶部喇叭口的上线方案，或沿冲积扇下部边缘通过的方案。

3）跨河回避的方案。多应用于病害严重，无法直接通过，河的另一岸敷设线路有利，但需修建造价昂贵的桥梁。

4）隧道方案。若对岸没有可供改线的地形条件，另外也可作为上述跨河回避方案的比选方案，可考虑在山体内以隧道的方式通过。

在泥石流的防治工程措施方面主要有拦、固、排、通。"拦"主要指在泥石流沟的形成区和流通区内修筑重力坝、拦渣坝等，起到改善纵坡、减少沟床比降、抑止泥石流发育、拦挡巨砾及控制水流的目的；"固"主要指在形成区和流通区采用工程措施，起到稳定沟床岩土环境，防止沟床下切、水流摆动、切蚀沟岸坡脚的作用，控制松散物质参与活动，从而达到控制泥石流的发生和发展的目的；"排"主要指在泥石流的沉积区内修筑排导槽、速流结构、渡槽等，配以最佳水力断面，起到迅速排泄泥石流体的作用，达到不产生累积性淤积的目的；"通"主要指采用明硐、底埋隧道、深埋隧道等，横穿泥石流区并从泥石流沟堆积扇底部通过，使泥石流体从防治结构上部排泄并确保交通运输有序进行。

6.4　水毁灾害决策支持

6.4.1　水毁防治原则

（1）全线统一规划、突出重点、分批整治。由于 G217 天山公路段里程长，穿越的地貌单元较多，地质结构复杂，地形多变，人烟稀少，气候恶劣，这就需要在进行水毁防护设计时全线统一规划，理清路线各段水毁类型及其分布情况，及可能发生水毁的段落，根据前述水毁分布的研究情况，以及目前工期及资金条件，对水毁有侧重的、分层次地进行分期、分批整治。

（2）因势利导、因害设防。目前，G217 线现有很多水毁防护都是公路被水冲坏以后，简单的设置一些石笼及挑坝进行防护，结果是防护设施大部分被水冲走或毁坏，浪费了人力、物力且起不到预期效果。因此，水毁防护一定要先研究水毁的原因所在，根据其成因进行本质上的防护。

（3）就地取材、经济合理。水毁防治是一大型的系统工程，进行水毁防治要确保防治效果的同时，尽量做到经济上节约。有些路段不必要为了求新奇求形式，而浪费巨大的人力物力。传统的一些防护在理论计算上及施工程序上都比较成熟，要加以利用。对一些必要的段落可以采取特殊形式的防护，如桩基挡墙、板桩挡墙等。

（4）工程措施与环境保护相结合。对水毁的防护同时，也要注重对环境的保护，而且，环境保护本身也是对水毁的一种生态防护，如漫流型水毁，虽然其表现是路面排水不利而造成汇水冲蚀路面路基，但之所以排水不利是因为修筑公路时开挖边坡，造成植被破坏，上、下边坡碎石土裸露，抗冲蚀能力减弱，在雨水的冲蚀下，碎石土填满排水沟而使其失去排水功能。同样，保护好环境也可以减少淤埋型水毁。冲刷型水毁也受河流携带泥沙量影响，如果汇流区植被较好，河水挟沙量减少，河流冲刷能力也相应地减弱。

6.4.2 水毁防治措施

水毁防治决策流程如图6.5所示。通过用户接口进行信息收集，在模型库和方法库中提取适合天山公路地区的水毁危险度评判模型。计算出危险度（在［0，1］的范围内）后，根据危险度值进行决策。最后，从知识库中提取相应的防治方案和对应的防治措施。水毁因素见表6.1。

水毁防护根据防护类型的机理，可分为直接防护和间接防护。直接防护是直接加固路基边坡的坡脚或基础，提高其自身的抗冲能力，工程设施在边坡坡脚或基础上，如挡墙、

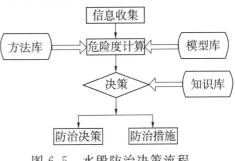

图6.5 水毁防治决策流程

石笼、抛石、护坡、护坦式基础等。间接防护一般是通过改变流水的冲刷方向，避免流水对路基及建筑基础的冲刷而防治水毁，如顺坝、丁坝等工程输导河流或者使河床改道，使流水偏离被防护的路基，从而达到防护的目的。根据野外实地考察，新疆 G217 线水毁防护工程，目前主要有四种方式，即铁丝石笼挡墙、浆砌石挡墙、石笼丁坝、排水沟和涵洞。

表 6.1　　　　　　　　　水　毁　因　素　表

一级因素	二级因素	三级因素
地貌环境特征	河道类型	宽浅型河谷
		边滩微弯段
	河岸两侧山体类型	中低山
		高陡山坡
	泥石流沟是否发育	不发育
		发育
地质环境特征	有无断裂通过	无
		有
	地层岩性	砂岩
		砾岩
		大理岩
		泥灰岩
		板岩
		千枚岩
		变质砂岩
气象水文特征	气候特征	中温带半干旱气候
		大陆性干旱气候
	年平均降雨量	$100 \sim 200\mathrm{mm}$
		$200 \sim 400\mathrm{mm}$
植被土壤特征	植被发育情况	少
		一般
		多

　　水毁防治决策树如图 6.6 所示。通过决策树，用户可根据实际情况逐级选择得到最终的决策方案。

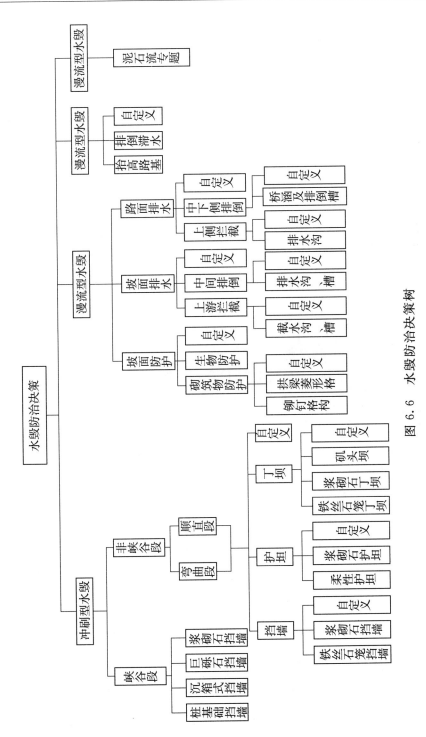

图 6.6 水毁防治决策树

6.5 斜坡灾害决策支持

6.5.1 斜坡防治原则

系统中斜坡的防治原则主要分为崩塌防治原则和滑坡防治原则。

（1）崩塌防治原则。天山公路斜坡地形陡峭、岩石破碎，崩塌经常对公路的运营造成危害，针对天山公路崩塌的发育特征及社会经济发展的实践情况，在进行崩塌防治工程时，应考虑防与治的结合。由于崩塌具有点多线长的特点，除进行分批分期治理外，还要做好预防工作；要加强清方养护，对崩落地段的易滚落危石和松散堆积物及时清理，对易于治理的崩塌点和危害性严重的崩塌点，应首先进行治理。

（2）滑坡防治原则。

1）当沿着道路的延伸方向连续出现大小不等的滑坡群或规模较大、性质较复杂的滑坡时，不论是在新线建设时期或是运营管理时期，均应考虑改变道路平面位置的方案。有时候，整段道路的位置无法改动，也要争取局部改变 $1\sim2m$，往往会使防治工程承受滑坡的推力减少很多。

2）在必须对滑坡进行整治时，原则上应一次根治不留后患。

3）对道路随时都有可能产生危害的滑坡来说，应在过去整治滑坡成功经验的基础上，先采用立即生效的防治措施，以保障道路的安全。

4）对性质复杂、规模巨大、短期内不易搞清楚或道路建设的速度不允许完全搞清楚后再进行整治的滑坡来说，应在保障道路安全的前提下，首先采取一些紧急措施，然后做出全面整治规划，利用紧急措施所争取到的时间来进一步收集资料和分期分批地对滑坡进行全面整治。

5）一般情况下，对滑坡进行整治地时间宜在旱季为好，所采用地施工方法和程序应避免造成滑坡产生新的滑动。而且，原则上应首先做好一些临时性的地表排水设施。

6.5.2 斜坡防治措施

斜坡防治决策流程如图 6.7 所示。通过用户在因素表中提取评价因素，进行因素组合，在模型库和方法库中提取适合天山公路地区的斜坡评判模型。根据规则表进行决策，最后，从知识库的结果表中提取相应的斜坡防治方案和对应的防治措施。斜坡防治因素见表 6.2。

表 6.2 斜 坡 因 素

地貌条件	坡形	凸形坡	直线坡	凹形坡
	坡度/(°)	≤60	60～75	≥75
	坡高/m	≤20	20～30	≥30
气候	降水量/mm	≤250	250～500	≥500
	气温/℃	≤20.0（夏），≤−6.0（冬）	20.0～25.0（夏），−6.0～8.0（冬）	≥25.0（夏），≥8.0（冬）
	积雪厚度/cm	≤60	60～150	≥150
岩 性		凝灰岩、板岩、硅质岩	千枚岩、花岗岩、砂岩、底质岩	泥岩、石灰岩
斜坡组合结构		平缓横向坡	斜向坡	顺向坡
地质构造（断层裂隙发育程度）		不发育	比较发育	非常发育
水文地质条件		地下水排泄通畅	地下水排泄一般	地下水排泄不畅
不利于斜坡稳定的动力因素（人工开挖、地震、暴雨）		微弱	中等	非常强烈

相应的斜坡防治措施主要有以下几种：

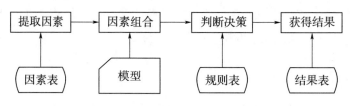

图6.7 斜坡防治决策流程

（1）崩塌防治措施。崩塌现象产生既有自然斜坡坡陡、岩体破碎等原因，也有路堑开挖、爆破、松动、边坡稳定性恶化等因素的影响。因此，崩塌的防治首先是边坡开挖时应尽可能少破坏原有岩体完整性；其次应考虑到崩塌不仅出现在公路开挖地坡面上，还有大量崩塌灾害来自公路开挖边坡以上的自然斜坡；崩塌灾害的防治设计，不仅需要考虑开挖边坡的崩塌问题，还需要考虑自然斜坡的崩塌灾害。

天山公路崩塌数量巨大，种类繁多，在制定崩塌防治方案时，应在查明崩塌灾害条件的基础上分情况确定具体的防灾设计。不同的崩塌工程防护措施具有不同的适用性，工程费用上也有很大的差别，在进行崩塌治理防护时，应对不同方案的经济性和有效性进行全面分析。其防治措施主要有刷方及绕避、遮挡工程、防护工程、排水工程及SNS柔性防护系统。

1）刷方及绕避。对于以边坡表面剥落和表层坍塌为主，且高度低于30m的陡倾边坡，一般可采用刷坡，对于小型崩塌落石可采用全部清除。刷方的作用有两方面：①降低斜坡的坡度，提高边坡的整体稳定性；②消除崩塌发生的可能性。对于可能发生大型崩塌的地段，即便是修筑坚固的抗崩明硐，也难抵抗强大崩塌体的破坏力，此时线路应设法绕避。一般可绕到河对岸或内移到山里以隧道通过，且必须进行技术经济比较，以选择较为经济合理的方案。

公路沿线小规模崩塌十分发育，且崩塌后的边坡仍多残留有风化松动的岩石，故刷方对于天山公路沿线崩塌灾害来说是一种十分重要的防治措施，同时也需要将其与其他防治措施结合使用以取得更好的防治效果。

2）遮挡工程。常采用的遮挡建筑物是明洞，按结构形式的不同，可分为拱形明洞和棚洞两类。对于坡体高陡、破坏形式主要为崩落掉块的崩塌段，可采用明洞进行防护。

3）防护工程。防护工程是一种主动的崩塌灾害防治措施，概括来说可分为两类：①设计时要考虑防护工程承受土压力的挡墙等支挡构筑物；②原则上不考虑土压力只是保护坡面作用的防护工程。防护工程主要包括护墙、挡墙、植被防护工程、护面墙、喷浆和喷混凝土护坡、锚杆加固等。

4）排水工程。为了防止地表水向边坡内汇集，必须在坡肩上设置排水沟。排水沟的形式应结合工程区降雨强度等，依照有关规范设计。排除地下水可使坡体的含水量及其中的孔隙水压力降低。当地下水量很大，其分布位置已查明时，用导洞排水是最有效的；地下水分布不清时，则可做水平钻孔插入管子排水。将这些由导洞或泄水孔流出的水用吊沟排除边坡以外。因为这种工程费用大，只是在大的斜坡上预测有可能发生大规模的崩塌时才用。在一般边坡中为了集排地下水，多采用排水盲沟。排水工程多作为一种辅助措施与其他防治工程结合使用。

5）SNS柔性防护系统。SNS柔性防护系统分为主动防护系统和被动防护系统。SNS防护系统的主要特征是其具有良好的柔性，允许整个系统有一定的变形和位移。SNS主动防护系统主要由防腐蚀钢丝绳网、加密型镀锌高强防腐铁丝格栅网、锚杆等组成；SNS被动防护系统主要由钢柱基础、钢柱、菱形钢绳网、减压环、铁丝格栅网等组成。当边坡不是很高，坡面起伏不平且有大量孤石危岩，破坏形式主要为岩体风化剥落时，可以考虑采用SNS柔性防护，它往往也和锚杆、挡墙等防护工程结合使用。

（2）滑坡的防治措施。滑坡的防治措施主要有治水工程、抗滑挡墙、抗滑桩、预应力锚固等。

1）治水工程。

a 处理地表水。滑坡范围以外的地表水以拦截和引开为原则，滑坡体以内的地表水，以防渗、汇集引导排出为原则。多数情况下，在滑坡周围布置环形截水沟，不使水流入滑坡体内；在滑坡体内布置各种排水沟，将泉水和坡面上的水尽快排出滑坡体以外，不过滑坡体内的排水沟易被滑动所错断，因此，在这些部位可采用涂塑土工编织布连接排水沟。

b 处理地下水。地下水是诱发滑坡的主要因素，排出滑坡区的地下水，是治理滑坡的一种有效措施，地下排水的工程措施主要有截水盲沟、支撑盲沟盲洞、边坡渗沟、竖直钻孔、水平钻孔等。当滑坡体外丰富的地下水供给滑坡而引起活动时，可采用截水盲沟；支撑盲沟一般深度为几米到十几米，必须做到滑动面以下，可起支撑滑坡体和疏干滑坡体内地下水的作用，它往往是处理地下水比较丰富的滑坡所采用的主要工程措施之一；边坡渗沟的作用是排除滑坡前缘土体中的水和疏干边坡，因此，它的深度和宽度仅为 1.5～2.0m；滑动面以下有固定排水层时，可采用竖直钻孔将滑体内的地下水引入排水层中排除；水平钻孔的使用条件和盲洞一样，有取代盲洞的趋势，一般呈扇形布置在滑坡中、后部，仰角 5°～10°，孔径 60～100mm，孔深 30～50m，孔底间距视滑体的渗透系数而定，一般为 5～10m。研究区内滑坡均受到水的影响，治水工程是一项十分重要的工程措施，要与其他防治工程配合使用。

2）抗滑挡墙。抗滑挡墙是目前滑坡防治工程中使用最广泛的一种抗滑建筑物，它靠自身的重量所产生的抗滑力，支撑滑坡的剩余下滑力。按照建筑材料和结构形式的不同，可分为抗滑片石垛、抗滑片石笼、浆砌块石抗滑挡墙、混凝土或钢筋混凝土抗滑挡墙、空心抗滑挡墙和沉井式抗滑挡墙、预应力锚索抗滑挡墙等。抗滑挡墙的设置位置一般位于滑坡的前缘；滑坡中、下部有稳定的岩土锁口者，设置于锁口处；如滑坡为多级滑动，当总推力太大，在坡脚一级支挡圬工量太大时，可分级支挡。

3）抗滑桩。抗滑桩是穿过滑体深入滑床以下稳定部分，固定滑体的一种桩体，多根抗滑桩组成的桩群，共同支撑滑体的下滑力，阻止其滑动，同抗滑挡墙相比，抗滑桩的抗滑能力大，施工较复杂，但效果显著。抗滑桩按材料可分为木桩、钢桩、混凝土桩及钢筋混凝土桩；按施工方法可分为锤入桩、钻孔桩和挖孔桩。抗滑桩结构形式取决于滑坡规模、滑体厚度、滑坡体推力、设桩位置和施工条件水平。一般情况下，可采用排式单桩、桩拱墙，若滑坡推力大，可采用椅式桩墙，对于特大型滑坡，可采用抗滑钢架桩。为了解决桩的悬臂段过长，改善桩的受力和工作状态，可采用锚拉桩。

4）预应力锚固。预应力锚固是以适当的方法把预应力钢筋或钢缆固定在滑移面以下的基岩内，与设在地表的承压板连接给予张拉力，将滑动体锚固成三明治状夹层结构。它对滑移面埋深浅的岩质滑坡效果好，也可用于强风化岩质陡边坡加固喷锚护壁。按锚固所用的钢材可分为预应力锚杆锚固和预应力锚索锚固。

第7章 空间数据库

空间数据库作为 GIS 基础软件的核心，主要存储、管理所有地理数据，是 GIS 数据流向的起点和终点，提供了包括空间数据的数据存储、数据维护、空间数据查询和空间分析等服务功能。空间数据库的设计与实现，直接关系到整个 GIS 系统的功能与效率。

7.1 GIS 空间数据库设计

7.1.1 空间数据库技术基础

（1）数据结构分析。公路数据库由空间数据和属性数据组成，空间数据反映路网的位置、分布情况及相关环境因素的拓扑关系，如几何特征、比例尺、控制点和大地坐标等；属性数据由两部分组成，一部分是描述公路技术指标的数据，如路线概况、桥梁概况、沿线设施等，另一部分是描述生产辅助、行政管理方面的 OA 系统的数据。根据目前的现状，采用 MapGIS 进行数据的整理和编辑。

（2）数据逻辑关系。

1）分类关系。分类关系指空间要素点、线、面的关系，这里点表示桥梁，交叉路口等；线表示公路、线状水系、铁路；面表示居民地、行政区县等，由于一个行政区域有多条公路，公路有桥梁和涵洞，因此点线面作为空间实体的三大要素有着相互隶属关系，这种关系通过路线代码和桥梁代码表示，如路线编码能反映路线所属行政区域，桥梁编码能反映行政区域和所在路线。

2）空属关系。空属关系可以通过空间数据图层属性表的 User－ID 和属性数据的关键字如路线代码相关联，但同一路段有多重属性，同一种属性在路段上也不尽相同，无法直接将属性表的段反映到图上，数字化过程中无法确定属性表的分段，为了使空间数据不出现数据冗余，必须实现大地坐标与里程桩定位相互转换，应用动态分段技术，实现图形与属性数据的双向查询和图文显示功能。

7.1.2　空间数据组织管理

7.1.2.1　空间数据库管理模式的发展

空间数据除了具有一般数据的特征之外，还具有诸如结构复杂、关系多样化、多尺度和多态性等区别于其他数据的特征，这些特征使得空间数据的管理远比一般数据要复杂得多，一般的商用数据库管理系统难以满足空间数据管理要求，因而围绕着空间数据管理方法先后存在有四种管理方式：纯文件模式、文件结合关系型数据库的管理模式、全关系型数据库管理模式和面向对象的数据库管理模式。

（1）纯文件管理模式。文件模式是最早采用的空间数据存储方式。GIS 中的数据可分为空间数据和属性数据两类，空间数据描述空间实体的地理位置及其形状；属性数据则描述相应空间实体有关的应用信息。文件管理模式将 GIS 中所有的数据都存放在自行定义的空间数据结构及其操纵工具的一个或者多个文件中，包括非结构化的空间数据、结构化的属性数据等。而空间数据和属性数据两者之间的关系可通过标识码（ID）来建立。最早的 GIS 应用系统——1962 年由加拿大土地调查局建立的加拿大地理信息系统 CGIS，即采用此种方式。

采用这种方法的明显优点是操作简便、软硬件投资较小。每个 GIS 厂商可以依据本企业内部标准定义自己的文件格式以及操纵工具，管理各种数据。而这种管理的缺点也是显而易见的：不便于文件管理，若其中一个文件被意外删除，或者地图数据复制过程中遗漏一个文件，都会破坏地图数据，数据稳定性不好；对于数据的安全、共享以及对数据并发操作和事务处理都难以提出行之有效的措施。

（2）文件结合关系型数据库的管理模式。通常存储属性数据要比存储空间数据要简单得多，也易于现有商业数据库实现，GIS 应用可以利用关系数据库来存储属性数据，而空间数据保持原有文件结构不变，通过在空间数据和属性数据之间建立关联的方法架起二者的桥梁。这种文件结合关系型数据库管理（混合型管理）空间数据是目前绝大多数商用 GIS 软件所采用的数据管理方案，并已经得到广泛应用。国内、刘仁义等人设计的基于 AutoDesk MapGuide 的互联网土地信息系统、基于 Intergraph GeoMedia Web Map 的病虫害信息系统即采用此种方法。这种管理模式的主要缺陷在于很难用关系模型来表达空间位置与对象之间的关系。同时，维护空间数据和属性数据的一致性也成了一个亟须解决的问题。

（3）全关系型数据库管理模式。此种模式使用统一的关系型数据库管理空间数据和属性数据，空间数据以二进制数据块的形式存储在关系型数据库中，从而形成全关系型的空间数据库。GIS 应用程序通过空间数据访问接口访问空间数据库中的空间数据，通过标准的数据库访问接口访问属性数据。全关系型数据库管理模式提供统一的访问接口（SQL）操作分布的海量数据，使用通用接口实现属性数据的共享，并且支持多用户的并发访问、安全性控制和一致性检查。这些正好是构造企业级地理信息系统所必需的。

但是由于空间数据的不定长，采用全关系型数据库管理会造成存储效率低下，此外，现有的 SQL 并不支持空间数据检索，需要软件厂商自行开发空间数据访问接口。如果要支持空间数据共享，还需要对 SQL 进行扩展。

表 7.1 为基于文件方式和基于空间数据库的性能对比表，从中

可以看出基于 关系型空间数据库具有的诸多优点。

表7.1 **空间数据不同存储方式性能对比**

功能类别	文件方式	关系型空间数据库方式
海量数据管理	可以	擅长
空间与属性数据一体化	难实现	易实现
开放性	差（格式特殊）	工业标准，开放式管理
扩展性	弱	强
多用户开发	弱	强
数据维护与更新	难	易
权限控制	弱	强
安全性	弱	强

（4）面向对象的数据库管理模式。为了克服关系型数据库管理空间数据的局限性，提出了面向对象的数据模型，依此提出了面向对象数据库。应用面向对象数据库管理 GIS 的空间数据，可以通过在面向对象数据库中增加处理和管理空间数据功能的数据类型以支持空间数据，包括点、线、面等几何体，并且允许定义对于这些几何体的基本操作，包计算距离、检测空间关系、甚至较复杂的运算，如缓冲区分析、叠加符合分模型等，也可以由对象数据库管理系统"无缝"地支持。

对象数据库管理系统提供了对于各种数据的一致的访问接口以及部分空间服务模型，不仅实现了数据共享，而且空间模型服务也可以共享，使 GIS 软件可以将重点放在数据表现以及开发复杂的专业模型上。不过，目前对象数据库管理系统远未成熟，许多技术问题仍需要做进一步的研究。

地理信息系统对数据的管理经历了从文件系统到"双数据库"系统、全关系数据库再到对象关系数据库系统的发展历程。空间数据管理的四种方式各有其优缺点，因此，在选择数据管理方式时，应根据具体情况进行选择。要建立一个业务化运行的系统，应该采用相对成熟且有利于空间数据管理的方法。

7.1.2.2 空间数据结构与组织

地理信息系统空间数据结构就是指空间数据的编排方式和组织关系。空间数据编码是空间数据结构的实现,目的是将图形数据、影像数据、统计数据等资料,按一定的数据结构转换为适用于计算机存储和处理的过程。

一种高效率的数据结构应具备以下条件:

(1) 能够正确表示要素之间的层次关系,便于不同数据连接和覆盖。

(2) 正确反映地理实体的空间排列方式和各实体间相互关系。

(3) 便于存取和检索。

(4) 节省存贮空间,减少数据冗余。

(5) 存取速度快,在运算速度较慢的微机上要达到快速响应。

(6) 足够灵活性,数据组织应具有插入新的数据、删除或修改部分数据的基本功能。

GIS 软件支持的主要空间数据结构有矢量数据结构和栅格数据结构两种形式。两类结构都可以描述点、线、面这三种基本的空间对象类型。表 7.2 为这两种数据结构的优缺点比较。

表 7.2　　　　矢量数据模型与栅格数据模型比较

项目	优点	缺点
矢量结构	(1) 提供更严格的数据结构; (2) 提供有效的拓扑编码,因而对需要拓扑信息的操作更有效,如网络分析; (3) 图形输出美观	(1) 比栅格数据结构复杂; (2) 操作没有栅格有效; (3) 表达空间变化性能差; (4) 不能像数字图像那样做增强处理
栅格结构	(1) 数据结构简单; (2) 叠加操作易实现,更有效; (3) 能有效表达空间可变性; (4) 栅格图像便于做图像的有效增强	(1) 数据结构不严密不紧凑,需用压缩技术解决这个问题; (2) 难以表达拓扑关系; (3) 图形输出不美观,线条有锯齿,需用增加栅格数据来克服,但会增加数据文件

（1）矢量数据结构及其编码。矢量数据结构是地理信息系统中一种最常见的空间数据结构，它通过记录坐标的方式尽可能精确地表示点、线、面等地理实体的空间位置和形状，坐标空间设为连续，允许任意位置、长度和面积的精确定义，在一般情况下，它比栅格结构精度高得多。

对于一个矢量数据库而言，要表示真实世界的信息，必须具备：

1）定义物体的地理要素。

2）容许把描述性的信息"属性"与对应得物体联系起来。

矢量数据的编码方法主要有以下三种：

1）坐标序列法。任何点、线、面实体都可以用某一坐标系中的坐标点 x，y 来表示。这里的 x，y 可以对应于大地坐标经度和纬度，也可以对应于平面坐标系坐标 x 和 y。对于点，则是一对坐标；对于线，则是一个坐标串；对于多边形，则是一条或多条线组成的封闭曲线坐标串，坐标必须首尾相同。

坐标法文件结构简单，易于实现以多边形为单位的运算和显示。这种方法的缺点是邻近多边形的公共边被数字化和存储两次，由此产生冗余和边界不重合的匹配误差；每个多边形自成体系，而缺少有关邻域关系的信息；不能解决复杂多边形嵌套问题，内岛只作为单个的图形建造，没有与外包围多边形的联系。

2）树状索引编码法。该法采用树状索引以减少数据冗余并间接表示领域信息，该方法是对所有边界点进行数字化，将坐标对顺序方式存储，有点索引与边界线号相联系，以线索引与各多边形相联系，形成树状结构。

树状索引编码法消除了相邻多边形边界的数据冗余和不一致的问题，邻域信息和岛状信息可以通过对多边形文件的线状索引处理得到，但是较为麻烦。

3）拓扑结构编码方法。将拓扑关系应用到数据库结构中，可以解决多边形嵌套和邻域关系问题。建立拓扑结构的方法有两种：①输入数据的同时输入拓扑连接关系；②由计算机软件从一系列相互关联的链建立拓扑结构。首先在地理数据结构中建立拓扑关系是美国人口调查局建立的双重独立地图编码系统（Dual Independent Map Encoding，DIME）。

目前的大多地理信息系统软件都具备从一系列按任意顺序和任意方向数字化的链，组成多边形拓扑结构的功能。

多边形拓扑数据结构具有其他编码所不具备的优点：把全部多边形综合成一个整体，没有重叠，数据冗余度小；全部多边形、链、属性数据均为内部连接在一起的整体单元的一部分，可以进行任意类型的邻域分析，而且能将属性数据与多边形连接进行各种分析；多边形嵌套中多边形没有限制，可以无限地嵌套；数据结构与数据收集的输入牵连不多。

（2）栅格数据结构及其编码。栅格数据结构实际上就是像元阵列，即像元按矩阵形式的集合，栅格中的每个像元是栅格数据中最基本的信息存储单元，其坐标位置可以用行号和列号确定。网格中每个元素的代码代表了实体的属性或属性的编码，根据所表示实体的表象信息差异，各象元可用不同的"灰度值"来表示。栅格数据中的实体也分为点实体、线实体和面实体，见表7.3。

表7.3　　　　　　　　　栅格数据相关概念及图示

名称	概念	图示
像素	将工作区域按行列规则划分，形成许多格网，每个网格单元称为像元（像素）	
灰度值	若每个像元规定 N 比特，则其灰度值范围可在 0 到 $2N-1$ 之间；把白～灰色～黑的连续变化量化成 8 bit，其灰度值范围就允许在 0～255 之间，共 256 级；若每个像元只规定 1bit，则灰度值仅为 0 和 1，这就是所谓二值图像，0 代表背景	

续表

名称	概念	图示
点实体	点实体在栅格数据中表示为一个像元	
线实体	线实体则表示为在一定方向上连接成串的相邻像元集合	
面实体	面实体由聚集在一起的相邻像元集合表示	

栅格数据的获取方法比较简单，即在专题地图上均匀地划分网格，相当于将一透明的方格纸覆盖在地图上，格网的尺寸大小按要求设定。根据单位格网交点归属法（中心点法）、单位格网面积占优法、长度占优法、重要性法等方法，直接获取相应的栅格数据。这类方法称之为手工栅格数据编码法，它适用于区域范围不大或栅格单元的尺寸较大的情况。但是当区域范围较大或者栅格单元的分辨率较高时，需要采用数据类型转换方法，即由矢量数据向栅格数据做自动转换。

为了逼近原图或原始数据精度，除了采用上述的手工方法之外，还可以采用缩小单个栅格单元的方法（即增加精度），使得每个单位的栅格可以代表更为精细的地面单元。这样，在大大提高

93

精度，更接近真实形态的同时，行、列数也将大大增加，即数据量也大幅度增加，使得数据冗余严重，为了解决这一矛盾，现在已研究出了一系列栅格数据压缩编码方法，使得用尽可能少的数据量记录尽可能多的信息。压缩编码方法可分为信息无损编码和信息有损编码两种，信息无损编码是指编码过程中没有任何信息处理损失，通过解码操作可以完全恢复原来的信息；信息有损编码是指为了提高编码效率，最大限度地压缩数据，在压缩过程中损失了一部分相对不太重要的信息，当解码时这部分信息难以恢复。

在地理信息系统中一般采用信息无损编码方法。

常用的数据压缩编码方法有以下几种：

1) 链式编码（Chain Codes）。链式编码又称边界链码法。多边形的边界可表示为由某一原点开始并按某些基本方向确定的单位矢量链。基本方向可定义为东＝0，东南＝1，南＝2，西南＝3，西＝4，西北＝5，北＝6，东北＝7等八个基本方向。如果确定图7.1中的多边形的原点为像元（10，1），则该多边形边界按顺时针方向链式编码为 10、1、7、0、1、0、7、1、7、0、0、2、3、2、2、1、0、7、0、0、0、0、2、4、3、4、4、3、4、4、5、4、5、4、5、4、5、4、6、6。其中前两个数字 10、1 表示起点为第十行第一列，从第三个数字开始每个数字表示单位矢量的方向，八个方向以 0～7 的整数表示。

链式编码对多边形的表示具有很强的数据压缩能力，且具有一定的运算功能，如面积和周长计算等，探测边界急弯和凹进部分都比较容易，比较适合于存储图形数据。缺点是对叠加运算较难实现，而且由于链码以每个区域为单位存储边界，相邻区域的边界则被重复存储而产生冗余。

2) 游程长度编码（Run-Length Codes）。游程长度编码是按行的顺序存储多边形的各个像元的列号，即在某行上从左至右存储该多边形的始末像元列号。图7.1中多边形按游程长度编码方法的编码为

第9行	2，3	6，6	8，10	第10行	1，10
第11行	1，9			第12行	1，9
第13行	3，9	12，16		第14行	5，16
第15行	7，14			第16行	9，11

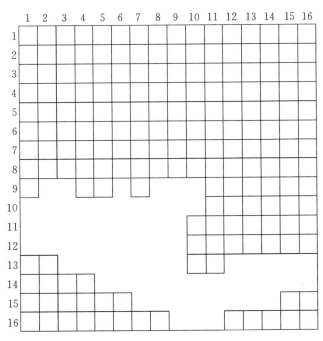

图 7.1 栅格表示的一个简单区域（空白处）

由此例看出 69 个像元的多边形只用了 22 个数值就表示出来了，因此采用此种编码可以大大减少存储量，它的压缩效率很高。采用此种方法，进行网格加密时，数据量没有明显增加，且易于检索、叠加、合并等操作，但压缩和解压处理工作有所增加。

3）四叉树编码（Quadtree Encoding）。四叉树编码又称为四分数、四元数编码。它是一种更有效的压缩数据的方法。它将 $2^n \times 2^n$ 像元阵列的区域，逐步分解为包含单一类型的方形区域，最小的方形区域为一个像元。图像区域划分的原则是将区域分成大小相同的象限，而每一个象限又可以根据一定的规则判断是否继续等分为次一层的象限。其终止判断是，不管是哪一层上的象限，只要划分到仅代表一种地物或符合既定要求的几种地物时，则不在继续划分，这一过程可一直分到单个栅格像元为止，四叉树编码如图 7.2 所示。

四叉树编码有很多优点，一是容易有效地计算多边形的数量特征，二是各部分的分辨率是可变的，边界复杂部分四叉树分级多，分辨率也高，而不需要表示细节的部分则分级少，分辨率低，因而既可精确表示图形结构，又可减少存储量。

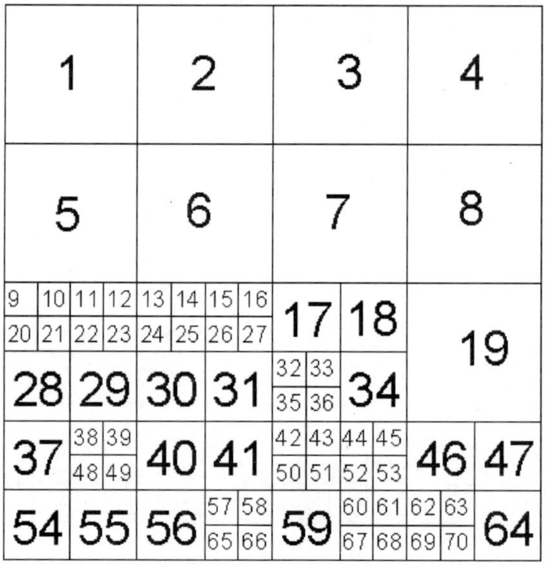

图 7.2　四叉树编码

（3）空间索引。空间索引，亦称为空间访问方法（spatial access method，SAM），就是指依据空间对象的位置和形状或空间对象之间的某种空间关系按照一定的顺序排列的一种数据结构，其中包含空间对象的概要信息，如对象的标识、外接矩形及指向空间实体的指针。作为一种辅助的空间数据结构，空间索引介于空间操作算法和空间对象之间，它通过筛选作用，大量与特定空间操作无关的空间对象被排除，从而提高空间操作的速度和效率。

空间索引的性能的优劣直接影响到 GIS 数据库和 GIS 的整体性能，它是 GIS 数据库的一项关键技术。常见的空间索引主要有格网索引、四叉树索引、R 树和 R＋树空间索引等。

1) 格网索引。格网型空间索引思路比较简单，容易理解和实现。其基本思想是将研究区域用横竖线条划分大小相等和不等的格网，记录每一个格网所包含的空间实体。当用户进行空间查询时，首先计算出用户查询对象所在格网，然后再在该网格中快速查询所选空间实体，这样一来就大大地加速了空间索引的查询速度。

2) BSP 树索引。BSP 树是一种二叉树，它将空间逐级进行一分为二的划分（图 7.3）。BSP 树能很好地与空间数据库中空间对象的分布情况相适应，但对一般情况而言，BSP 树深度较大，对各种操作均有不利影响。

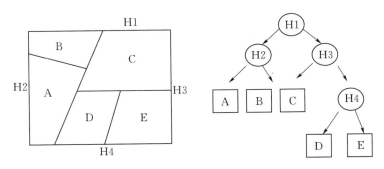

图 7.3　BSP 树

3) KDB 树索引。KDB 树是 B 树向多维空间的一种发展。它对于多维空间中的点进行索引具有较好的动态特性，删除和增加空间点对象也可以很方便地实现；其缺点是不直接支持占据一定空间范围的地物要素，如二维空间中的线和面。该缺点可以通过空间映射或变换的方法部分地得到解决。空间映射或变换就是将 $2n$ 维空间中的区域变换到 $2n$ 维空间中的点，这样便可利用点索引结构来对区域进行索引，原始空间的区域查询便转化为高维空间的点查询。但空间映射或变换方法仍然存在着缺点：高维空间的点查询要比原始空间的点查询困难得多；经过变换，原始空间中相邻的区域有可能在点空间中距离变得相当遥远，这些都将影响空间索引的性能。

4) R 树和 R＋树空间索引。R 树根据地物的最小外包矩形建立（图 7.4），可以直接对空间中占据一定范围的空间对象进行索引。R 树的每一个结点 N 都对应着磁盘页 D（N）和区域 I（N），如果结点不是叶结点，则该结点的所有子结点的区域都在区域 I（N）的范围之内，而且存储在磁盘页 D（N）中；如果结点是叶结点，那么磁盘页 D（N）中存储的将是区域 I（N）范围内的一系列子区域，子区域紧紧围绕空间对象，一般为空间对象的外接矩形。

R 树中每个结点所能拥有的子结点数目是有上下限的。下限保证索引对磁盘空间的有效利用，子结点的数目小于下限的结点将被删除，该结点的子结点将被分配到其他的结点中；设立上限的原因是因为每一个结点只对应一个磁盘页，如果某个结点要求的空间大于一个磁盘页，那么该结点就要被划分为两个新的结点，原来结点的所有子结点将被分配到这两个新的结点中。

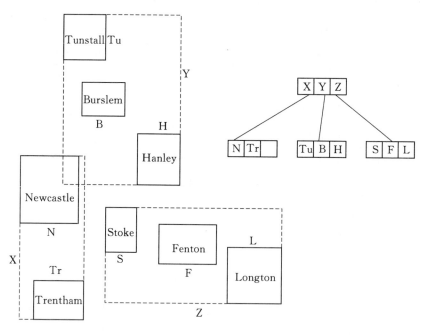

图 7.4　R 树

由于 R 树兄弟结点对应的空间区域可以重叠，因此，R 树可以较容易地进行插入和删除操作；但正因为区域之间有重叠，空间索引可能要对多条路径进行搜索后才能得到最后的结果，因此，其空间搜索的效率较低。正是这个原因促使了 R＋树（图 7.5）的产生。在 R＋树中，兄弟结点对应的空间区域没有重叠，而没有重叠的区域划分可以使空间索引搜索的速度大大提高；但由于在插入和删除空间对象时要保证兄弟结点对应的空间区域不重叠，而使插入和删除操作的效率降低。

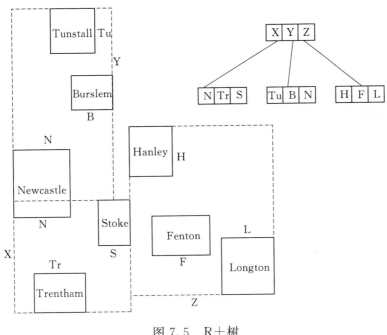

图 7.5　R＋树

（4）元数据基础。元数据是关于数据的数据，用于描述数据的内容、覆盖范围、质量、管理方式、数据的所有者、数据的提供方式等有关的信息。地理信息元数据是关于地理相关数据和信息资源的描述信息。它通过对地理空间数据的内容、质量、数据格式、数据采集时间和其他特征进行描述与说明。

1）GIS 元数据确定的原则。建立元数据集合的目的是帮助人们理解和使用元数据所描述的数据对象。元数据的选择和组织必须遵循一定的原则，以全面描述数据对象，并方便用户使用。GIS元数据的确定需要遵循以下几个原则：

a. 完整性。早期人们对元数据的理解较为简单，只有少数几个数据项。随着人们对元数据理解的深入，元数据体系趋于复杂化。例如，美国国家地球空间数据元数据标准共分 7 个部分，219个数据要素，内容庞大复杂。在实际的元数据设计中需要挑选出一些重要的元数据，构成核心元数据集，它应该完整地描述数据集最重要的信息。

b. 准确性。各个元数据元素应该从某个侧面准确地描述数据集合的某些特性，在确定核心元数据内容时，需要对相关领域的理论与技术有全面的了解，准确而简洁地将描述数据集主要特征的数据元素整合起来。

c. 结构性。地理信息元数据之间具有复杂的联系，应根据其结构联系进行合理的组织，以便对元数据进行修改或扩展时不破坏其整体结构。

d. 与其他标准的一致性。由于元数据也是其他标准的高度概括，在制定元数据时，应充分考虑符合现有的国际标准与国家、行业标准，与其保持一致。

2）GIS 元数据的主要内容。目前，很多国家和组织都提出了地理信息元数据的一些区域性标准，如美国联邦地球空间数据委员会（FGDC）提出的地学空间数据元数据内容标准，欧洲地图事务组织（MEGRIN）提出的 GDDD 数据集描述方法，加拿大标准委员会（CGSB）提出的 CGSB 地球空间数据集描述，CEN/TC287 提出的 CEN 地学信息 - 数据描述 - 元数据，NASA 提出的 DIF，ISO/TC211 提出的 ISO 地理信息。但到目前为止，人们对地理信息元数据并没有形成完全统一的认识，还没有一个全球性的统一标准。表 7.4 显示的是部分元数据标准草案的核心内容比较。

表 7.4　　　　　　　地理信息元数据标准情况

元数据标准名称	建立标准的组织
地理空间数据集元数据内容标准	美国联邦地球数据空间数据委员会（FGDC）
GDDD 数据集描述方法	欧洲地图事务组织（MEGRIN）

续表

元数据标准名称	建立标准的组织
CGSB 地球空间数据集描述	加拿大标准委员会（CGSB）
核心元数据元素	澳大利亚新西兰土地信息委员会（AN-ZLIC）
DIF	美国航空航天局（NASA）
ISO 地理信息	国际标准化组织地理信息技术委员会（ISO/TC 211）
Open GIS	Open GIS 协会
NREDIS 信息共享元数据内容标准草案	国家信息中心
中国可持续发展信息共享元数据标准	21 世纪议程中心（九五科技攻关成果）
国家基础地理信息系统（NFGIS）元数据标准	国家基础地理信息中心
科学数据库元数据标准（SDBCM）	中国科学院
NSII 元数据标准	国家信息中心
数字福建元数据标准	福建省空间信息工程研究中心

7.1.3 ArcSde 数据库版本化管理

（1）Geodatabase 概述。ESRI 公司推出的 GeoDatabase 数据模型融入了面向对象技术，如类（Class）、对象（Object）、封装（Encapsulation）、继承（Inheritance）和多态（Polymorphism）等思想和技术，是一种面向对象的空间数据库模型。

在一般商用关系数据库中存储地理数据具有以下优点：①使用数据库直接集成地理数据；②使用标准数据库管理工具管理地理数据；③创建了大型地理数据库，实现地理数据快速的显示和编辑；④可以依据所选商用数据库配置 Geodatabase；⑤地理数据库可以服务许多客户端，包括只读的客户端应用、CAD 应用或者互联网应用。

Geodatabase 扩充了标准关系数据库德功能，实现了地理数据表达的一些特定需求。

下面说明 Geodatabase 所扩充的关系数据库功能：①可以使用栅格数据集、要素集、TIN 数据以及地址数据等等格式来表达和存储地理数据；②可以实现地理数据的空间分析及拓扑分析；③实现精美的地图显示以及生产高质量的地图；④给要素添加智能化因素，如定义属性、拓扑关系、关联以及合法性规则等等；⑤实现多用户同时显示和编辑同一地理数据。最后这个功能，提供了多用户同时读写 Geodatabase 的功能，也就是"版本（version)"功能。其是 ArcSDE Geodatabase 中最为关键的功能之一。

（2）版本化管理概述。Geodatabase 被注册为版本后，便可以实现多用户编辑地理数据以及管理工作流程。版本 Geodatabase 有一个成为 Default 的最高级版本，是 Geodatabase 的默认版本。

"版本（version)"是 ArcGIS 软件在多用户关系数据库基础上，依托于 ArcSDE 服务而提供的长事务处理工具。有了版本，不需要数据复制，就可以实现多用户编辑同一 Geodatabase。在个人 Geodatabase 中无法实现版本功能。

版本是命了名字的 Geodatabase 状态，版本是 Geodatabase 的某个时刻的状态，是 Geodatabase 的一个快照。

版本跨越整个 Geodatabase 并且拥有属性。在 ArcCatalog 中，可以定义 GDB 中哪些要素是版本化的，可以选择性地指定哪些要素集、要素类、表被注册为版本。通过设置权限可以控制其他用户对数据的版本的是否可见。版本的权限设置如图 7.6 所示。

Geodatabase 可以拥有多个交互出现的版本。每个版本 Geodatabase 都允许执行所用相同的显示和分析功能。

版本之间的本质区别在于行状态而不是方案。版本创建之后，便呈现所有编辑工作的无中断视图。其中行的状态反应了所有的对象添加、删除以及修改操作（保存在数据库的表中）。每个版本的行状态信息都存储在 Geodatabase 中。方案（schema)，即表及其字段的定义，都可以在 Geodatabase 中修改。方案的变化可以快速应用到 Geodatabase 的所有版本中。版本的区别在于其数据库中行的记录不同。

　　每个版本 Geodatabase 都有一个默认（default）版本。而版本创建源由其他版本。从默认版本开始编辑，可以创建任意数量的版本。除了默认版本之外的每一个版本只能拥有一个父版本。可以根据机构的工作方案需求创建复杂的树状多级版本。版本可以删除，前提是它所有的子版本都已经全部被删除。在删除之前，版本中的编辑变化被协调并提交给另外一个版本，用于版本更新或者也可以放弃改变。

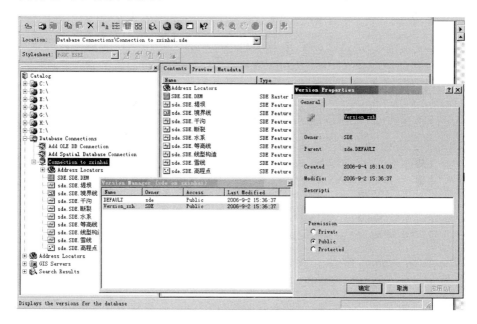

图 7.6　版本的权限设置

（注：Private 表示只有所有者可以浏览和编辑；Public 表示所有的用户都可以浏览和编辑；Protected 表示所有的用户都可浏览，但是只有所有者可以进行编辑）

　　随着时间推移，许多记录被添加到 Geodatabase 管理版本的各种表中，这时许多的行记录都被其他记录所取代。这时可以执行版本压缩，将多余的行记录删除，这样节约了硬盘空间并且保证数据访问的畅通。

使用版本，在进行数据要素集检查、数据集仓库的分块、或者数据要素集复制等操作时，相对于以前的数据管理系统，它的执行方便且效率显著提高。版本能够快速并良好运行的原因在于版本不需要数据复制及制作副本。实质上，版本 Geodatabase 使用内部验证，通过管理记录要素对象的添加、删除或者修改的附加表，便实现了快速和安全的管理。

将数据注册为版本，也可以使用 ArcSDE 中的 sdetable 命令。下面的一行命令即是将矢量数据 dixing 注册为版本：

Sdetable -o alter_reg -t dixing -c objectid -c sde -v multi -u sde -p sde

数据存入数据库中，对数据访问权限的管理就十分重要。数据库管理员可以使用 sdelayer 命令来赋予用户一定的角色。如下面的命令即赋予 xhx 选择 dixing 的权限：

Sdelayer -o grant -l dixing, shape -U xhx -A select -u sde -p sde

除了赋予用户一定的读写权限，ArcSDE 也可以收回已经赋予用户的权限，如下命令即是收回赋予 xhx 选择 dixing 数据的权限：

Sdelayer -o revoke -l dixing, shape -U xhx -A select -u sde -p sde

根据数据的访问权限，客户端通过 ArcGISDesktop 可以实现三峡库区空间数据多用户并发访问，实现数据网络编辑和管理。

（3）版本化管理工作流。

1）编辑版本。使用 ArcMAP 进行编辑时，版本将自动打开以被编辑，如果文档有多个版本，那么可以从中选择一个版本开始编辑。

2）协调版本冲突。协调版本冲突，是一个将目标版本中的要素及对象融合进入当前编辑会话过程的数据处理过程。目标版本可以是当前编辑版本的任意一个直系祖先版本。在向另一个版本提交编辑变化前版本协调必须完成。

在协调过程中，必须有足够的权限来修改在编辑会话过程中所进行编辑的目标版本中的要素类。如果没有足够的权限，将无法完成协调冲突操作。

版本协调的目的在于将更新变化反应到上一级的版本中。

3）解决冲突。在目标版本与编辑会话过程的比较中，有一小部分的要素对象将发生冲突。

一般情况下，有两种类型的冲突：①在目标版本和当前编辑会话过程中，同一要素都被更新；②同一要素在一个版本中被更新，然而在另一个版本中却被删除。

一般而言发生冲突通常在多用户同时编辑临近区域的要素时发生。冲突产生后，通过交互式冲突解决对话框就可以检查两个版本之间的任一冲突。对于每个冲突，都可以选择是否将编辑会话过程中的要素替代目标版本的冲突要素，将其作为所做的编辑操作保存，当然也可以放弃冲突，将它恢复到开始编辑会话时的初始状态。

4）版本提交。成功解决了版本冲突后，便可以向目标版本提交其编辑版本了。提交操作的同时，编辑会话过程中的行状态与目标版本的进行比较，这两个版本也进行了验证。

版本提交完成，便可返回 ArcCatalog 目录中把正在编辑的版本删除，这样就完成了一个工作流程，进行了空间数据库的更新。

7.1.4 空间数据库设计

（1）空间数据库元数据。元数据是用于描述空间数据内容、质量、状况和其他特征的数据，即关于数据的数据。元数据是按一定的标准采集与组织的，元数据标准通过定义共同的术语、定义、元素、子集和扩充方法等，规范各种数据集的元数据内容，使信息数据得到更好的应用和有效的检索，即数据生产者能更好地组织和管理数据，用户可得到关于数据集的信息，以便找到能满足其需求的数据。元数据来源于数据，它是对数据本身的描述。在元数据的生产过程中，生产者或者建设者会依据标准与规范，将数据的元数据相关文档编辑成元数据库。

独库空间数据库建设中的基础地形图采用高斯·克吕格投影，Krasoversky 椭球体，按标准图幅分幅存放。对每一图幅和图层数据文件都要编写一个元数据文件，主要描述该图幅或图层的名称、用途、图面信息及其他参数，该说明文件将帮助对该图幅或图层进行管理（表7.5、表7.6）。

表7.5 以图幅为单位的元数据描述

字段名	字段类型	字段长度	备注
逻辑名	C	10	中文名称
定义	C	20	图层定义
物理名	C	8	具体文件名
数据格式	C	12	分类型、整型、字符型等，包括数据位、小数位
图幅名	C	12	国际分幅中文名称
图幅编号	C	8	国际分幅编号
左下角经度	C	7	度分秒
左下角纬度	C	6	度分秒
右上角经度	C	7	度分秒
右上角纬度	C	6	度分秒
比例尺	C	8	填写比例尺分母值
高程系统	C	10	填写高程系统
投影名称	C	20	填写具体投影方法
投影参数	C	20	具体投影参数
数据单位	C	8	该数据单位制
数据精度	C	10	小数位数值修约，或是原数据精度
相关属性可信度	C	10	属性采集资料是否可靠
应用销售限制	C	10	该数据可面向社会或其他单位出售，也可提供其他共享方式
编制资料单位	C	20	编制该资料的单位
编制出版时间	C	10	该图的出版时间
数字化数据单位	C	20	数字化该图幅的单位名称
数字化方法	C	10	采用扫描矢量化还是数字化仪矢量化

续表

字段名	字段类型	字段长度	备 注
最新更新内容	C	20	最近一次修改的内容
最新更新时间	C	10	最近一次更新时间
联系人	C	12	本资料主要保管人
专家联系人	C	6	具有对本资料解释权的专家
数据存放位置及介质	C	6	该资料存放媒体，如磁盘、光盘、磁带等

表 7.6　　　　　　　　**相对图层的元数据描述**

字段名	字段类型	字段长度	备 注
图层逻辑名	C	12	图层中文注解名
图层定义	C	20	图层具体说明
图层物理名	C	7	文件名
空间属性(点线面)	C	6	点或线或面
图层数据格式	C	10	该图层的数据格式
图幅标识符	C	8	图幅代码
数据投影名称	C	20	投影方法
数据投影参数	C	20	投影参数
数据精度	C	10	具体数据精度，如比例尺、小数点位数等
对高级数据模型的限制	C	10	是否能满足一些高级数据模型要求
数据集成特点	C	10	是否有考虑面向 GIS 空间分析集成特点，如数字化方向、结点要求等
编制资料单位	C	20	编制该资料的单位
编制出版时间	C	10	该资料出版时间
数字化数据单位	C	20	数字化单位
数字化方法	C	10	采用扫描矢量化还是数字化仪矢量化
上次更新时间	C	10	最近一次的前一次修改的内容
最新更新时间	C	10	最近一次更新时间

字段名	字段类型	字段长度	备　　注
专家联系人	C	6	具有对本资料解释权的专家
采集数据所使用的软件	C	20	软件名称、生产厂商、版本号
备注	C	20	需要其他解释的内容

（2）图层划分。系统的图层划分需要兼顾数据管理与应用两方面的需要，根据空间实体类型的相互关系确定分层，利用空间实体属性以满足分为多个逻辑图层的需要。

对图层名而言，它所包含的内容多对检索有益，而又不能过长，图层名中要表示出专题内容分类，图层名结构参照国家基础地理数据库命名原则。按图素内容划分成若干图层，以适合不同需要；相同逻辑内容空间信息尽量放在一个图层。根据公路工作条件和要求，本次主要划分了如下图层，见表 7.7。

表 7.7　　　独库公路空间数据库建设图层划分表

类别	图层内容	图层名称
地理图层	基本信息图层	基本信息
	水系图层	水系
	交通图层	交通
	居民地图层	居民地
	境界图层	境界
	地形图层	地形
地质图层	地层图层（包括地层，岩石）	地层
	工程地质岩组图层	地质岩组
	断层（带）图层	断层
	其他图素图层	其他

续表

类别	图层内容	图层名称
地质灾害图层	第四系图层	第四系
	泥石流图层	泥石流
	滑坡图层	滑坡
	崩塌图层	崩塌
	水毁点图层	水毁点

（3）属性分类代码编制。属性分类代码规则参见国土资源部国土资源信息化工作标准。基础地理图层及地质图层属性表设定可采用其格式。根据独库公路空间数据库建设的实际情况，编制了独库公路空间数据库地理图层属性结构表。

地质灾害专业属性数据主要是以地质灾害（及边坡，下同）点（体）及工程编号集合的，故数据文件最重要的关键词是地质灾害点（体）统一编号及工程编号，在对其编码时要确保其索引字段的惟一性（ID号，统一编号）。

滑坡、崩塌、泥石流图层属性表结构见表7.8。

表7.8　滑坡、崩塌、泥石流图层属性表结构

序号	数据项名	数据项代码	数据类型及长度
1	图元编号	CHFCAC	N9
2	图元名称	CHFCAA	C9
3	图元代码	CHFCAD	C9
4	成因类型	ZHCY	C20
5	物质结构类型	ZHJG	C50
6	灾害程度分级	ZHCD	C10
7	诱发因素	ZHYS	C20
8	主要危害对象	ZHDX	C20
9	灾害发展趋势	ZHQS	C50
10	其他	ZHOT	C50

7.2　空间数据库建设

7.2.1　数据属性录入

通常在数据分层和拓扑处理后在录入属性数据，属性数据一般采用批量输入的方式，如图 7.7 所示，分要素输入该实体的属性信息。

修改线参数W

统改线参数X

修改缺省线参数O

修改线属性Y

编辑线属性结构Z

根据属性赋参数

根据参数赋属性

修改线参数和属性

图 7.7　MapGIS 线属性输入工具

7.2.2　地形图数据的精度控制

地形图包含有重要的基础地理信息，如等高线、交通、水系、居民点等，其中的等高线数据是生产 DEM 的最直接、最重要的基础资料，而 DEM 是 GIS 空间分析和三维分析的基础数据源。鉴于此重要性，等高线矢量化的精度就尤其重要。

在进行数字化之前，将所有地形图进行几何校正和地理编码，一是消除图纸变形的影响，二是使得图像具有地理坐标，在此基础上数字化的地理要素，已经具有地理坐标，可以大大降低通常方式下先矢量化再坐标校正带来的误差；在已经进行几何校正和地理编码的地形图基础上进行图像镶嵌，镶嵌的图像既可以作为检查等高线精度的重要参考文件，又可以作为一个基础地理成果。

那么，在进行等高线数据质量检查时，应不断的生成 DEM 及其三维阴影图，然后将等高线、镶嵌地形图在统一坐标下叠加，可以及时发现、检查和修改错误。

另外，在 DEM 的生产过程中，还应该加入高程点值，这样表达的微地貌就更加准确。

等高线数据精度检查流程如图 7.8 所示。

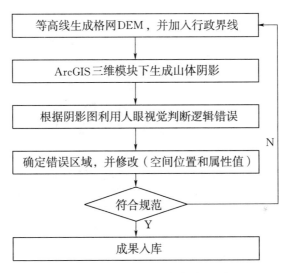

图 7.8 等高线数据精度检查流程

7.2.3 空间数据转换

由于数据的来源多种多样，不同的格式、不同的比例尺问题必然会带来诸多的问题，因而本系统要求将所有的文件格式统一转换为 Shape 或 Coverage 矢量格式，然后经过投影再统一导入到空间数据库中。

将数据导入 MapGIS 中，利用文件转换模块将 MapGIS 格式的文件转为 Arc/Info 通用交换格式，E00 格式，如图 7.9 所示，再利用 ArcView 中的 Import71 模块将 E00 格式转化为 Coverage 格式，如图 7.10 所示，然后入库。

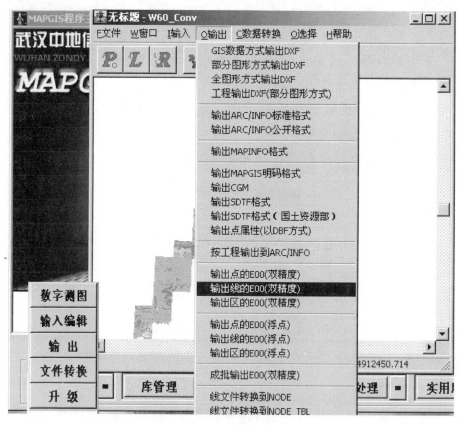

图 7.9 将 MapGIS 格式文件转为 E00 格式

Import71 Utility

Enter the name of the export file (include the 'e00' file extension). Then enter the name for the output data source.

Export Filename: 项目\★☆成果☆★\地质zxh1229\qu.e00   Browse...

Output Data Source: _____   Browse...

OK   Cancel   Help

图 7.10 将 E00 格式转换为 Coverage 矢量格式

7.2.4 空间数据入库

当服务器端的 ArcSDE 正确连接到 SQL Server 以后，便可进行数据的导入，导入后的数据均存储在 SQL Server 数据库中的一系列表格中。导入方式有两种，一是利用 ArcGISDesktop 的 Arc-Catalog 模块提供的向导来导入空间数据，二是命令行操作。

方法一操作简单、快捷，适合于安装有 ArcGISDesktop 的客户端向服务器添加空间数据。如图 7.11 所示，利用 ArcCatalog 通过 ArcSDE 与服务器数据库连接之后，利用 Import 命令即可实现各类空间数据入库。

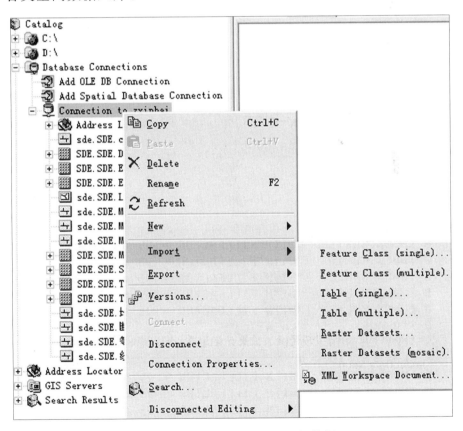

图 7.11　ArcCatalog 导入空间数据

本书重点介绍方法二，此方法适合没有安装 ArcGIS Desktop

的情况，尤其是服务器端，操作方法具有通用性。存储过程中，ArcSDE 将调用其元数据表 SDE＿dbtune 以控制数据存储位置、索引结构和二进制数据存储方法。首先在 Dbtune 表中配置关键字和存储参数，然后 ArcSDE 调用配置关键字并从 Dbtune 表中读取相关字段并决定如何创建表和索引。在具体处理过程中，将数据按属性分层，并在 Dbtune 表中定义名为 TianShan 的关键字并配置相关存储参数，Dbtune 表中配置关键字及相关参数示例如图 7.12 所示。配置存储参数后，就可以进行数据的导入了，以 shp 文件 dixing. shp 为例，采用 shp2sde 命令将文件导入 SQL Server 数据库中：

shp2sde -o create -l dixing，shape -f dixing -u sde -p sde -k TianShan

执行命令后，系统即将文件 dixing. shp 按照关键字 TianShan 中的存储参数导入数据库中。通过 SDE，按照企业级 Geodatabase 模型，实现空间数据在数据库系统中的存储。

```
AUX_STORAGE        "on AUXcj"
B_CLUSTER_RASTER       0
B_CLUSTER_ROWID        1
B_CLUSTER_SHAPE        0
B_CLUSTER_USER         0
B_CLUSTER_XML          0
B_INDEX_RASTER     "WITH FILLFACTOR = 95 on RAScj"
B_INDEX_ROWID      "WITH FILLFACTOR = 95 on IDXcj"
B_INDEX_SHAPE      "WITH FILLFACTOR = 95 on SHAPEcj"
B_INDEX_USER       "WITH FILLFACTOR = 95 on IDXcj"
B_INDEX_XML        "WITH FILLFACTOR = 95 on "
B_STORAGE          "on ATTcj"
B_TEXT_IN_ROW      256
F_CLUSTER_FID      1
F_INDEX_AREA       "WITH FILLFACTOR = 95 on FIDXcj"
F_INDEX_FID        "WITH FILLFACTOR = 95 on FIDXcj"
F_INDEX_LEN        "WITH FILLFACTOR = 95 on FIDXcj"
F_STORAGE          "on FIDXcj"
```

图 7.12　Dbtune 表中配置关键字及相关参数示例

按照以上所述的方法，将地理数据、地质数据、灾害数据等导入到空间数据库中，通过 Database Connection 连接到空间数据库，可查看已导入信息，如图 7.13 所示。

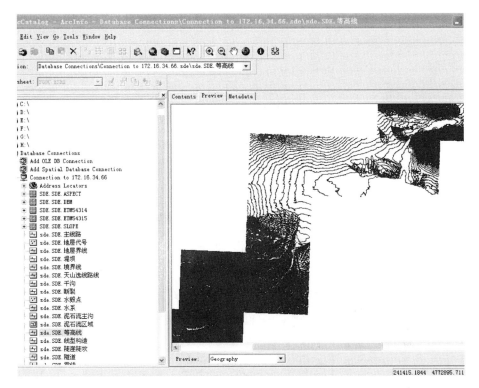

图 7.13　空间数据库数据浏览

7.2.5　空间数据库更新机制

为了更好保证空间数据库中数据的现势性和有效性，需要相应建立一套完善的地图数据更新机制。

针对独库公路空间数据库建设的现势性及有效性要求，采取两种更新的机制，直接编辑和整个图层更新的方式，空间数据更新机制示意如图 7.14 所示。

（1）具有数据编辑权限的用户经过系统验证以后利用上载模块或利用系统提供的编辑工具对更新图层直接进行编辑，此时系统调出"中间库"的数据供用户进行编辑修改，用户修改的结果

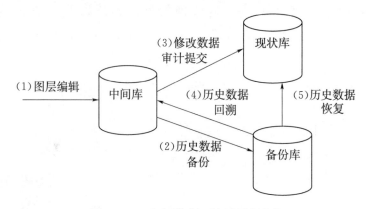

图 7.14　空间数据更新机制示意

保存后先保存到中间库中。同时系统自动将历史图层保存到"备份库"，用户编辑的信息也记录到系统审计库中。

（2）系统管理员通过查看审计库中的修改记录对经过编辑的图层进行合法性检查，如果检查法通过，系统管理员就利用数据库提交工具将用户编辑的结果从"中间库"提交到"现状库"中，修改生效；反之，如果检查没有通过，系统管理员会通知用户编辑失败，同时根据需要将"备份库"中的数据恢复到"中间库"以备用户重新修改。

（3）系统管理员可以根据应用要求将"备份库"某一时期的历史数据恢复到现状库中。

第8章　公路地质灾害危险性评价及防治决策系统

8.1　系统分析

在详细分析天山公路地质病害原理的基础上，收集独库公路沿线已有的基础地理、地学等资料，对照实地工作成果和遥感成果，结合 GIS、空间数据库及遥感图像处理，按数据库规则进行相应的综合、整理、筛选、归纳及转换，建立完善以 ArcGIS 为数据平台的基础地理数据库和地质灾害数据库，并基于 ArcEngine 平台，开发一套集基础数据的采集、存储、管理、检索、图形编辑、空间模型分析、灾害危险度评价及防治决策支持为一体"公路地质灾害评价与决策 GIS 系统"，实现对空间数据库的管理、查询、分析等功能，同时集成地质灾害预测及防治专家数据库，为天山公路地质灾害预测及防治提供操作分析平台。

8.1.1　需求分析

本书基于西部交通建设科技项目"天山公路工程地质病害研究"之"国道 217 线独山子－库车段（天山公路）沿线遥感信息提取与公路建设地理信息系统研制"项目成果，旨在服务于西部交通建设规划，为天山公路建设提供评价决策支持并对沿线地质灾害进行调查和对策研究，主要实现 GIS 的基本功能、地质灾害宏观评价和微观评价以及灾害的防治决策。

系统开发以交通部《公路、水运交通科技发展"九五"计划和到 2010 年长期规划》《公路水路交通科技"十五"发展计划》和

《公路水路交通"十五"发展计划》为指导，紧密结合中国公路规划、设计、建设实际，针对现行公路路线 CAD 系统尚不足以解决公路可行性研究、灾害评价和决策这类多目标空间决策问题的现状，引入 GIS 的有关理论、方法和技术分析手段，着重利用其空间分析功能，通过理论分析、模型建立与影响因子选定、数据库开发、应用程序设计等步骤，建立一个基于"3S"技术的公路评价决策支持系统，在系统功能上达到能为公路可行性研究和进一步的灾害评价防治提供有效的决策支持。

8.1.2　设计原则

为实现系统目标，最大限度地满足相关需求，并有利于系统的进一步扩充与扩展，在进行系统设计时将遵循如下原则：

（1）先进性。系统开发所使用的硬件设备、软件技术和网络结构在使用寿命期间，应具有一定的先进性，避免因技术落后影响系统性能或使系统过早淘汰。

（2）实用性。系统应以经济实用为主，立足实际需要，避免盲目追求先进性而不计成本。

（3）可靠性。系统无论在软件方面还是硬件方面都应选择稳定、可靠、成熟的产品，保障系统长期稳定运行。

（4）开放性。无论硬件设备、应用软件和网络拓扑结构，都应具有良好的开放性，充分留有本系统与其他系统的接口。

（5）兼容性。系统在设计选型时，硬件及软件应尽量选用标准化产品，即可增加产品的选择范围又可保障今后的升级和发展。

（6）实时性。无论是硬件设备、操作系统或应用软件都应保证一定的相应速度，必须在规定的时间内完成指定的操作。

（7）可扩展性。考虑到技术的发展和设备的更新，系统在更新换代时应尽量减少重复投入，保证现有设备的利用率，尽量延长硬件设备和应用软件的使用寿命。

（8）安全性。无论硬件设备、操作系统或应用软件都应采用多重保护措施，必须建立有效的硬件保护措施和信息安全体系。

如防止硬件设施的损坏、防止非法访问、保证信息传输安全、防止操作系统和应用软件的崩溃、防止数据丢失等。

（9）友好性。应用软件的设计应充分保证系统的使用性、方便性和界面友好性，做到易操作、易维护、显示直观。

8.2 系统设计

8.2.1 系统运行环境

为了保证系统的平稳运行，服务器端软硬件配置应满足以下基本要求。服务器硬件配置、服务器软件配置见表 8.1 和表 8.2。

表 8.1　　　　　　　服 务 器 硬 件 配 置

部　件	最低配置	推荐配置
CPU	奔腾 4 代 1.7G	$i3$　2.0GHz
内存	512M	2GB DDR
硬盘	128G	512G

表 8.2　　　　　　　服 务 器 软 件 配 置

部　件	要　求
操作系统	Windows 2003 Server 或者其他服务器操作系统
数据库系统	SQL Server 2005，ArcSDE

8.2.2 系统总体架构

天山公路 GIS 软件系统总体架构图如图 8.1 所示。

8.2.3 系统内部模块结构

本系统共分为四大功能模块，由电子地图模块、危险度宏观评价模型、危险度微观评价模型和防治决策支持模块组成，系统模块结构图如图 8.2 所示。GIS 的通用功能有电子地图子系统。专业功能有危险度评价和防治决策系统。

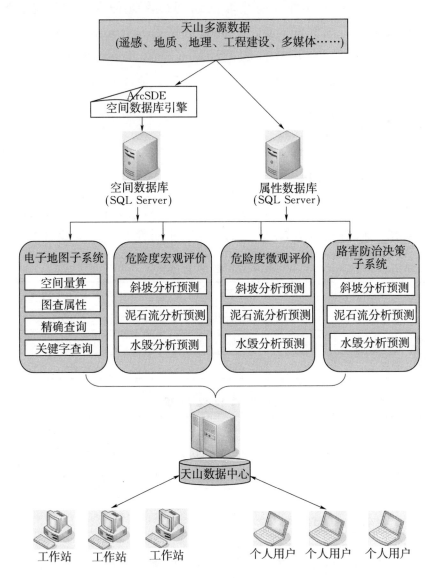

图 8.1　天山公路 GIS 软件系统总体架构图

　　系统的最终用户是公路管理决策人员，考虑到他们不是专业的 GIS 人员，所以，采用了基于 ArcEngine 开发有针对性的系统，实现部分需要的 GIS 功能，而不必再使用原来专业的 GIS 应用软件。整个设计思路是按照"GIS 二次开发＋专业模块"来设计的。

考虑到数据共享以及运行效率的需要，本系统采用 C/S 模式，通过 ArcSDE 空间数据引擎将空间数据导入 SQL 数据库中，同样将属性数据也存储在 SQL 数据库中，实现数据的安全性和长事务处理。

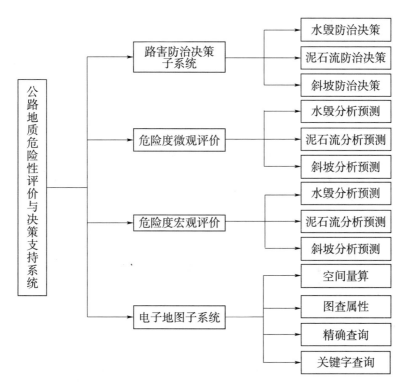

图 8.2　系统模块结构图

8.3　系统主要功能模块

任何地理信息系统都是为一定的应用目的而创建的，它不仅要完成管理大量地理数据的任务，更为重要的是要根据系统所建立的目标完成地理分析、评价、预测和辅助决策任务。在第 3 章和第 4 章已经对基本理论和算法进行了详细的论述，这里主要针对本系统的核心功能进行详细的介绍。

8.3.1　地质灾害危险性宏观评价

天山公路地质灾害宏观评价主要是通过对已知样本的处理来推出未知危险度区域的稳定性等级；运用 GIS 进行公路沿线区域稳定性评价分析，就是利用矢量叠加，将每个影响区域稳定性的因子作为一个矢量图层来考虑，通过叠加，新产生的区域图层就附带了原来所有因子图层的属性，根据相关数学模型，从已知稳定性的区域图元推出其他区域图元的稳定性，并用专题图直观显示。通过该功能，可以从宏观上对天山公路沿线的地质灾害危险度分布情况有个概括掌握。地质灾害危险度宏观评价结构框图如图 8.3 所示。

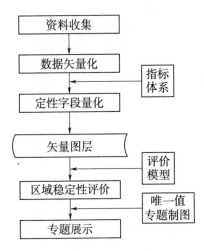

图 8.3　地质灾害危险度宏观评价结构框图

危险性宏观评价模块包含 8 个窗体，灾害危险度评价界面逻辑表见表 8.3。

表 8.3　　　　　　　　灾害危险度评价界面逻辑表

编号	类中文名称	类英文名称	界面概述
1	模型评价	Moxing	三个模型入口按钮
2	矢量叠加	Unionlayer	因素图层列表
3	指标编辑器	Index	要编辑的指标及量化值输入
4	量化	Numerical	选择要量化的字段，以及与此对应的表
5	信息量法	Information	已知，未知样本选取
6	模糊综合评判	Fuzzy	定量，定性指标选取
7	多元回归	Regress	已知，未知样本选取
8	专题显示	Theme	专题字段选择

在评价危险度时，对于不同地区的不同地段，甚至是同一地区的不同类型的地段，由于其所受内在因素和外动力条件各不相

同，对区域危险性进行空间预测比时间预报还要困难。综合考虑
其适用条件、可操作性、数据的可获得性、分析结果的可靠性等
多个方面的因素，选定了多元回归分析、信息量法和模糊综合评
判作为区域危险性评价分析的基本数学模型。根据天山实际情况，
在程序中，将评价结果分为高度危险、中度危险、轻度危险、不
危险四级，并分别用4、3、2、1量化，方便在后面的选线分析中
根据量化值栅格化后与其他因子叠加分析。作为一个 GIS 软件，
最后的可视化显示是必需的，该模块最后根据分析结果生成唯一
值专题图，方便用户直观查看。

　　危险度评价分析的算法主要有指标体系选取和模型设计两方面。
指标体系选择采用主成分分析算法。模型采用信息量法，模糊综合
评判和多元回归。工程岩组因子图、坡度分级因子图、已知地质灾
害图如图 8.4～图 8.6 所示。灾害评价界面定性因系量化界面、信息
量法界面、地质灾害评价结果（信息量法）如图 8.7～图 8.10 所示。

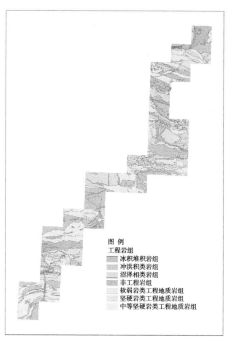

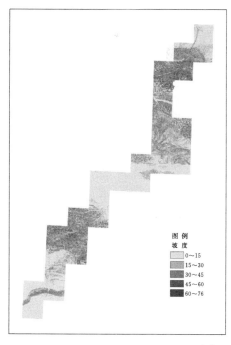

图 8.4　工程岩组因子图　　　　　图 8.5　坡度分级因子图

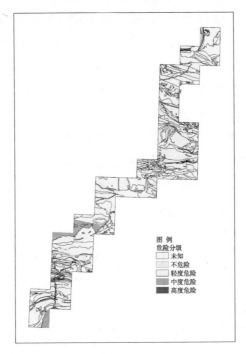

图 8.6　已知地质灾害图

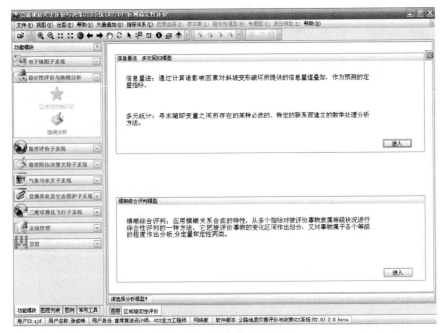

图 8.7　灾害评价界面

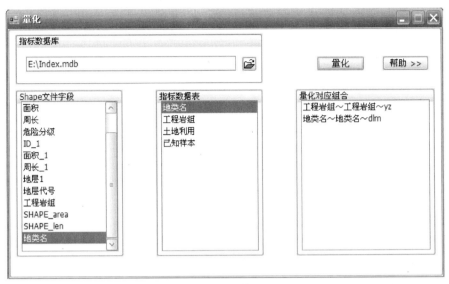

图 8.8　定性因素量化界面

图 8.9　信息量法界面

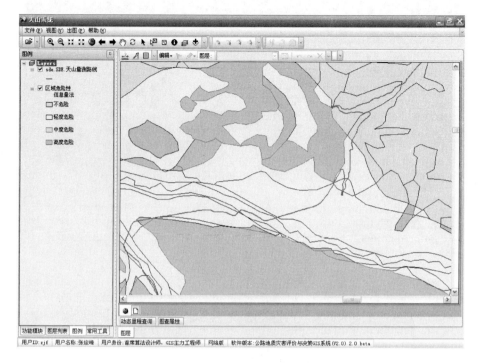

图 8.10　地质灾害评价结果（信息量法）

8.3.2　单体灾害评价

　　灾害评价对灾害的进一步防止和研究有着非常重要的意义，本系统要求进行基于 ArcGIS 软件平台的二次开发，研制出一套适合于地质灾害（包括边坡稳定性、泥石流、水毁灾害等）的评价分析，能为沿线地质灾害的单体灾害评价与防治决策提供支撑，能在基于常规岩体力学计算的基础上进行地质灾害的敏感性分析，能在对模型分析研究基础上对模型进行时间和空间的延拓，建立评价标准及预测模型，从而达到对典型的重大地质灾害进行危险性评价与预测。

　　在本系统中，拟从以下几方面研究：①灾害快速评价方法研究；②灾害分类指标体系的建立；③灾害地质分类方法研究；④基于防护设计的灾害地质分类（以 GIS 基础信息为平台）。

具体来说，灾害评价子系统通过运用一些经典的数学模型和数学方法对斜坡、泥石流和水毁进行危险性评价，并且可以通过此模块对现有的斜坡、泥石流、水毁的基础信息和图片影像等多媒体信息进行查询、修改、删除、导出。灾害评价子系统结构图如图 8.11 所示。

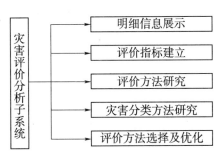

图 8.11　灾害评价子系统结构图

8.3.2.1　泥石流评价

泥石流评价分析包含一个窗体 HarmAnalysis_DebrisFlow，泥石流评价界面逻辑见表 8.4。

表 8.4　泥石流评价界面逻辑

类中文名称	类英文名称	界面概述
泥石流评价	HarmAnalysis_ DebrisFlow	该模块主要包括三大项，第一项是由一个 GridControl 和一个 DockPan 组成；第二项是由泥石流危险性评价、单沟泥石流危险度计算（H）、泥石流流量计算、泥石流流速计算和泥石流其他计算的 Tab 分页组成；第三项是由若干（根据具体情况确定）个 PictureBox 组成

泥石流评价主要实现斜坡信息的明细显示以及运用多种数学方法和模型对其危险性进行评价。泥石流评价分析子模块结构如图 8.12 所示，泥石流明细信息展示、泥石流危险度计算（十五因子法）、泥石流相关参数计算如图 8.13～图 8.15 所示。

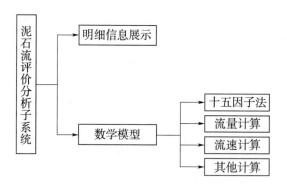

图 8.12　泥石流评价分析子模块结构

　　用户可通过此模块查询、修改、删除、导出以泥石流沟名为索引的泥石流基础信息和图片影像等多媒体信息；可以通过分析计算泥石流的危险度、泥石流流速、泥石流流量等相关数值。

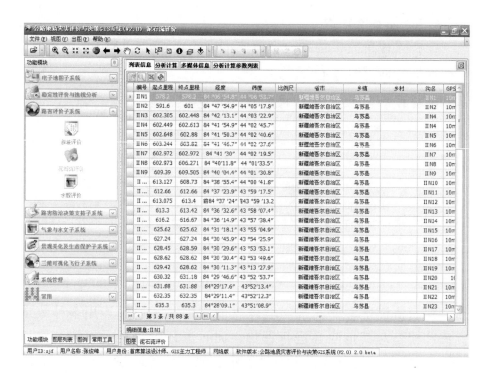

图 8.13　泥石流明细信息展示

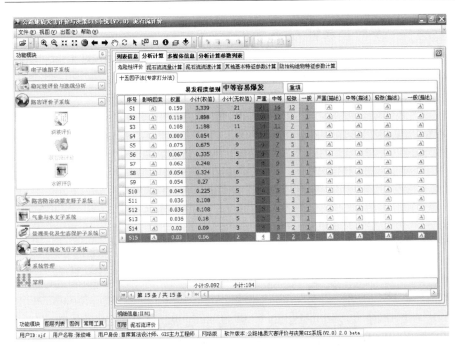

图 8.14　泥石流危险度计算（十五因子法）

图 8.15　泥石流相关参数计算

8.3.2.2　水毁危评价

水毁评价分析包含一个窗体 HarmAnalysis_WaterDestroy，水毁评价界面逻辑见表 8.5。

表 8.5　　　　　　　　　　水毁评价界面逻辑

类中文名称	类英文名称	界面概述
水毁评价	HarmAnalysis_ WaterDestroy	该模块主要包括三大项，第一项是由一个 Grid-Control 和一个 DockPan 组成；第二项是由水毁危险性评价、洪峰流量计算、水利计算、护墙冲刷计算、护坦式基脚护墙的冲刷深度计算和丁坝局部冲刷计算的 Tab 分页组成；第三项是由若干（根据具体情况确定）个 PictureBox 组成

水毁评价主要实现斜坡信息的明细显示以及运用多种数学方法和模型对其危险性进行评价。水毁评价分析子模块结构如图 8.16 所示。

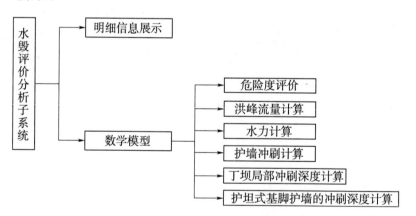

图 8.16　水毁评价分析子模块结构

水毁评价指标主要有点密度、线密度、水毁强度和水毁频率，通过相关公式将危险度分为五级。同时也可以对洪峰流量、水力、护墙冲刷强度和深度进行计算。水毁明细信息展示、水毁危险度计算如图 8.17、图 8.18 所示。

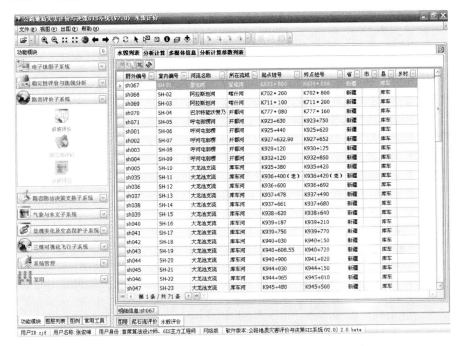

图 8.17 水毁明细信息展示

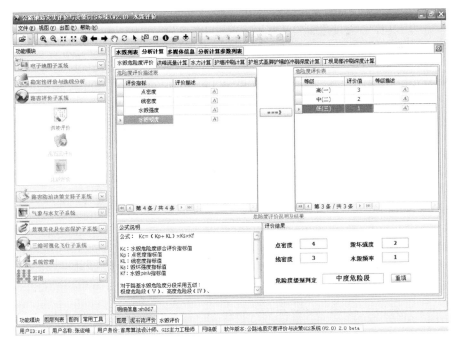

图 8.18 水毁危险度计算

8.3.2.3 斜坡评价

斜坡分析包含一个窗体 HarmAnalysis_Slope，斜坡评价界面逻辑见表8.6。

表 8.6　　斜坡评价界面逻辑

类中文名称	类英文名称	界面概述
斜坡评价	HarmAnalysis_Slope	该模块主要包括三大项，第一项是由一个 Grid-Control 和一个 DockPan 组成；第二项是由 Q 系统分级、RMR 分级和二级模糊综合评判的 Tab 分页组成；第三项是由若干（根据具体情况确定）个 PictureBox 组成

斜坡评价主要实现斜坡信息的明细显示以及运用多种数学方法和模型对其危险性进行评价。斜坡危险性评价如图 8.19 所示。

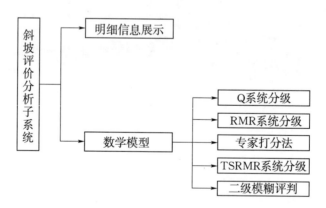

图 8.19　斜坡危险性评价

斜坡分析预测共采用 4 种分析预测方法，根据模型不同采用不同评价因素。斜坡明细信息展示、斜坡危险度评价（TSMR 系统分级）、斜坡危险度评价（二级模糊综合评判）如图 8.20～图 8.22 所示。

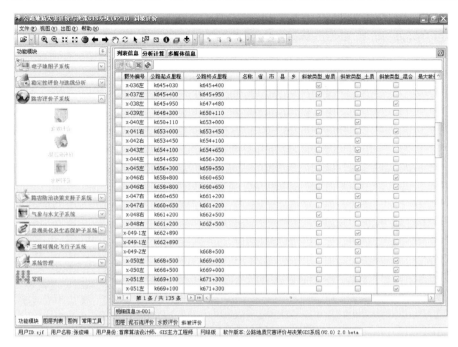

图 8.20 斜坡明细信息展示

图 8.21 斜坡危险度评价（TSMR 系统分级）

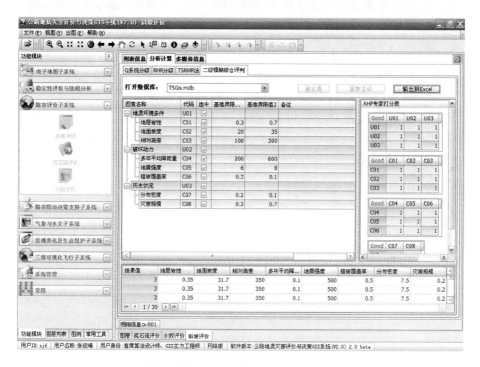

图 8.22　斜坡危险度评价（二级模糊综合评判）

8.3.2.4　独库段地质灾害分布特征分析

工程地质病害与沿线的气候条件、地形地貌、地层岩性、地质构造、人类工程活动等密切相关。本书中，按天山公路由小到大的里程桩号可将其分成 7 个特征区进行研究，这 7 个区分别是 1 区独山子—哈希勒根达坂分水岭（K552～K661）、2 区哈希勒根达坂分水岭—玉希莫勒盖达坂分水岭（K661～K725）、3 区玉希莫勒盖达坂分水岭—巴音布鲁克前出山口（K725～K820）、4 区巴音布鲁克前出山口—巴音布鲁克后进山口（K820～K905）、5 区巴音布鲁克后进山口—铁力买提达坂分水岭（K905～K934）、6 区铁力买提达坂分水岭—库如力（K934～K990）、7 区库如力—库车（K990～K1089）。天山公路沿线特征分区技术分析见表 8.7。

134

表 8.7 **天山公路沿线特征分区技术分析**

分区编号	起终点桩号	分区技术数据统计及分析
1	K552~K661	构造侵蚀高中山区，属于平原荒漠和高山荒漠地带。最大高差 3700m，属于温带、寒温带干旱区和部分温带半干旱区，年降水量 150～250mm。夏季（7 月）平均气温为 25℃，冬季（1 月）平均气温为－15℃，焚风效应造就了北天山地表植被稀疏、地表第四纪松散堆积物稳定性差、高山冰雪易于消融等地理环境特性
2	K661~K725	高山河流谷地区，属于高山草甸地带。最大高差 1100m，属温带半干旱区，年降水量在 250～500mm 之间。冬季（1 月）平均气温仅－8～－6℃，冬季最大积雪厚度可达 60～150cm，是雪害最严重地区。夏季（7 月）平均气温为 20～25℃
3	K725~K820	中山区，属于森林草原地带。最大高差 1800m，年降水量在 500～900mm 之间，春夏季降水量占全年 72%。沿线主要为灰褐色森林土
4	K820~K905	高山平原区，属于高山草甸地带。最大高差为 300m，属于寒温带亚干旱区，年平均气温－4.5～5.1℃，气温月际变化特征为夏季（7 月）气温最高，平均气温为 10.7℃左右，冬季（1 月）气温最低，月平均气温为－26.5℃左右，年降水量 250～300mm，全年以夏季 6—7 月的降水量最多，一般为 54.8～66.5mm，冬季（11 月至次年 2 月）降水量最少，只有 2.8～3.9mm。沿线土壤为高山草甸土
5	K905~K934	高山峡谷区，属于森林草原地带。最大高差为 1100m，属于暖温带干旱区，年降水量在 100.0mm 以上。年平均气温为 10.5～11.3℃之间，冬季（1 月）平均气温为－7.4～12.3℃之间，夏季（7 月）平均为 24.5～25.3℃之间
6	K934~K990	构造侵蚀高中山区，属于山地荒漠地带。最大高差为 1800m，属于暖温带干旱区，降水量少于 100mm，年平均气温为 8.5～10.0℃之间，冬季（1 月）平均气温为－9.2～10.0℃之间，夏季（7 月）平均气温为 24.3℃以上
7	K990~K1089	河谷平原区，属于平原荒漠地带。最大高差为 800m，属于暖温带干旱区，年降水量少于 100mm，平均气温为－9.2～10.0℃之间，夏季（7 月）平均气温为 24.3℃以上

根据对各类地质灾害的危险性计算，可以得到 7 个特征区的灾害易发段，天山公路沿线工程地质病害易发段分布示意图如图 8.23 所示。

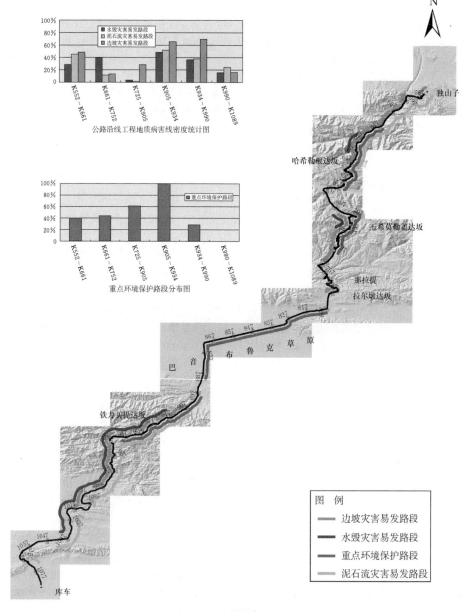

图 8.23　天山公路沿线工程地质病害易发段分布示意图

8.3.3 单体灾害决策支持

通过对天山公路沿线地质灾害危险性的宏观和微观评价，可以得到全区域以及灾害单体的危险性级别，从而为后续的工作提供参考依据。诚然，对于危险度大的地质体，如何进行防治决策也是必须考虑的一个重要问题，在系统中，通过四库一体的设计，从模型、方法、知识、数据四个角度出发，对天山公路沿线的地质灾害防治提供策略，从而为天山公路地质病害的进一步研究和公路修建后的维护提供决策依据。

该模块要求研制出一套适合于地质灾害（包括边坡稳定性、泥石流、水毁灾害等）的基于专家系统的地质灾害防治决策支持系统，依据地质灾害的分类体系制定总体防护方案，在此基础上，挑选典型路段，提出防护的具体措施，并对防护措施和方案进行地质工程优化分析。更进一步，针对少数重大地质灾害，依据物理模型、数学模型的分析结果进行防护措施系统优化设计。灾害决策支持模块结构图如图8.24所示。

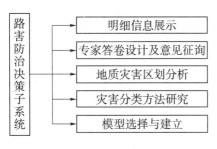

图 8.24 灾害决策支持模块结构图

单体灾害决策支持的步骤主要分为：①数据准备，包括基础信息、地学相关信息和相关灾害信息的收集和整理，同时对定性信息进行量化，划归到统一量纲下；②危险性评价和稳定性评估。天山公路灾害防治决策子系统决策过程主要是以模型驱动的。用户从数据库中提取相关数据，从方法库中提取对应的方法，通过计算模型进行计算、推理、比较、选择来分析公路斜坡、泥石流、水毁等地质灾害的稳定性状态；③获取决策支持。通过危险性结果，结合相关参数计算结果，在具体防护原则的指导下，由推理机根据当前信息和知识库中的知识，按一定的推理策略推出相应的结论，即防护建议，同时给出相应的防护措施。针对少数重大地质灾害给出工程防护方案。泥石流防治决策界面、水毁防治决策界面、斜坡防治决策界面如图 8.25～图 8.27 所示。

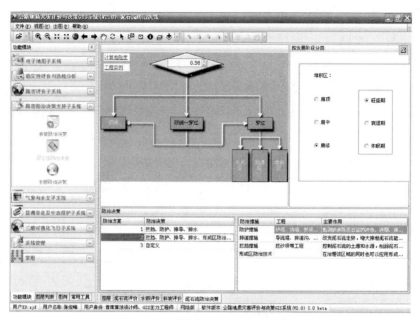

图 8.25　泥石流防治决策界面

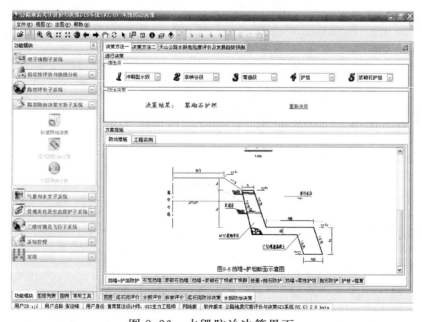

图 8.26　水毁防治决策界面

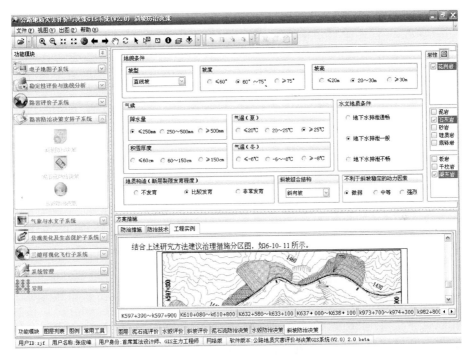

图 8.27　斜坡防治决策界面

第 9 章 结 论

本书在详细分析天山公路地质病害信息的基础上，根据数据特点及项目要求，结合 GIS、空间数据库及遥感图像处理，建设了天山公路地质灾害空间信息数据库，并二次开发"天山公路（国道 217 线）地质灾害危险性评价及防治决策支持系统"，实现对空间数据库的管理、查询等功能，同时集成地质灾害预测及防治专家数据库，为天山公路预测及防治提供了操作分析平台。取得的主要进展表现在以下几个方面：

（1）在分析天山公路地质灾害有关信息的基础上，参照国家已有规范标准，设计了天山公路（独库段）地质灾害空间数据库的图层划分标准、属性表格式及说明，实现了地质灾害空间数据的标准化，为以后数据的共享、网上发布奠定了基础。

（2）完成了天山公路（独库段）以 ArcGIS 为数据平台的基础地理数据库、地学数据库、地质灾害数据库的建立，并生成了 DEM 数据；采集了本次工作区域的 MSS、TM 和 ETM＋遥感图像，进行遥感数字图像处理，在遥感数据的基础上，进行了遥感信息专题提取，包括生态环境变迁遥感分析、线性构造遥感解译、泥石流遥感解译、制作了土地利用类型图。

（3）基于最新的 GIS 组件 ArcEngine，结合工程地质应用模型及数学公式，进行系统的构架，充分体现出"GIS＋专业"的设计思路。

（4）通过选取指标体系和危险性评价方法模型，对天山公路（独库段）进行线路地质灾害危险性评价，得出危险性评价图，使用户对天山公路的区域稳定性有一个宏观掌握。同时，针对单体泥石流、水毁、斜坡等地质灾害，采用多种评价方式进行危险度计算，对于危险度较高单体，提供相关防治决策，为灾害的进一步防治和研究提供依据。

（5）结合空间数据库理论，实现了空间数据库版本化管理，对地理数据进行并发操作。

本书研究中发现还需要在以下几个方面进行更深入的研究：

（1）充分利用已经搭建的 GIS 数据平台，利用 WebGIS 技术，实现一定范围内的天山数据网络共享，为各相关部门提供相关信息和决策依据。

（2）进一步优化稳定性评价模型，提高评价精度；天山系统的整体进一步优化完善。

（3）根据用户反馈信息，完善系统功能与界面，同时优化软件提高运行速度。

参 考 文 献

[1] Rebolj D, Sturm P J. A GIS based component-oriented integrated system for estimation, visualization and analysis of road traffic air pollution [J]. Environmental Modelling & Software, 1999, 15 (4): 531 – 539.

[2] Xue D, Yang H. A concurrent engineering-oriented design database representation model [J]. Computer-Aided Design, 2004, 36 (10): 947 – 965.

[3] Hearn G J. Landslide and erosion hazard mapping at Ok Tedi copper mine, Papua New Guinea [J]. Quarterly Journal of Engineering Geology & Hydrogeology, 1995, 28 (1): 47 – 60.

[4] Griffiths J S. Proving the occurrence and cause of a landslide in a legal context [J]. Bulletin of Engineering Geology and the Environment, 1999, 58 (1): 75 – 85.

[5] Thomas M R. A gis-based decision support system for brownfield redevelopment [J]. Landscape & Urban Planning, 2002, 58 (1): 7 – 23.

[6] Aleotti P, Chowdhury R. Landslide hazard assessment: summary review and new perspectives [J]. Bulletin of Engineering Geology and the Environment, 1999, 58 (1): 21 – 44.

[7] Gupta P, Anbalagan R. Slope stability of Tehri Dam Reservoir Area, India, using landslide hazard zonation (LHZ) mapping [J]. Quarterly Journal of Engineering Geology & Hydrogeology, 1997, 30 (1): 27 – 36.

[8] Gorti S R, Gupta A, Kim G J, et al. An object-oriented representation for product and design processes [J]. Computer-Aided Design, 1998, 30 (7): 489 – 501.

[9] Saarinen T F, Hewitt K, Burton I. The Hazardousness of a Place: A

Regional Ecology of Damaging Events [J]. Geographische Zeitschrift, 1973 (4): 325 - 326.

[10] Davis T J, Keller C P. Modeling and visualizing multiple spatial uncertainties [J]. Computers & Geosciences, 1997, 23 (4): 397 - 408.

[11] 边馥苓. 地理信息系统原理和方法 [M]. 北京: 测绘出版社, 1996.

[12] 陈情来. 模糊综合评判地质灾害的危险性 [J]. 油气储运, 2000, 19 (5): 38 - 43.

[13] 承继成, 郭华东, 史文中. 遥感数据的不确定性问题 [M]. 北京: 科学出版社, 2004.

[14] 何钧, 陈时军. 地震灾害风险评估初探 [M]. 北京: 地震出版社, 1999.

[15] 胡瑞林, 范林峰, 王珊珊, 等. 滑坡风险评价的理论与方法研究 [J]. 工程地质学报, 2013, 21 (1): 76 - 84.

[16] 胡新丽, 唐辉明. GIS 支持的斜坡地质灾害空间预测系统框架设计 [J]. 地质科技情报, 2002, 21 (1): 99 - 103.

[17] 黄崇福. 自然灾害风险分析的基本原理 [J]. 自然灾害学报, 1999, 7 (2): 21 - 30.

[18] 黄润秋, 李日国. 三峡工程水库岸坡稳定性预测的逻辑信息模型 [J]. 水文地质工程地质, 1992, 19 (1): 15 - 20.

[19] 黄润秋, 向喜琼, 巨能攀. 我国区域地质灾害评价的现状及问题 [J]. 地质通报, 2004, 23 (11): 1078 - 1082.

[20] 姜启源. 数学模型 [M]. 2 版. 北京: 高等教育出版社, 1993.

[21] 蒋承菘. 中国地质灾害的现状与防治工作 [J]. 中国地质, 2000 (4): 3 - 5.

[22] 雷明堂. 地理信息系统 GIS 技术在地质灾害信息管理系统中的应用 [J]. 中国岩溶, 1998, 17 (2): 125 - 132.

[23] 李东山. 滑坡综合预报专家系统的开发及应用研究 [D]. 成都: 成都理工大学, 2003.

[24] 李向全, 胡瑞林, 张莉. 地质灾害预测评价模型库系统设计原理 [J]. 地质灾害与环境保护, 1999, 10 (4): 18 - 23.

[25] 刘春, 史文中, 刘大杰. 数字土地信息中属性数据的质量控制 [J]. 武汉大学学报·信息科学版, 2004, 29 (3): 244 - 246.

[26] 刘光. 地理信息系统二次开发教程——组件篇 [M]. 北京: 清华大学出版社, 2003.

[27] 刘国昌. 区域稳定工程地质 [M]. 长春: 吉林大学出版社, 1993.

[28] 刘仁义，刘南. ArcGIS 开发宝典 [M]. 北京：科学出版社，2002.

[29] 刘文宝，邓敏，夏宗国. 矢量 GIS 中属性数据的不确定性分析 [J].
测绘学报，2000，29（1）：76-80.

[30] 刘希林，陈宜娟. 泥石流风险区划方法及其应用——以四川西部地区
为例 [J]. 地理科学，2010（4）：558-565.

[31] 刘希林. 沟谷泥石流危险度计算公式的由来及其应用实例 [J]. 防灾
减灾工程学报，2010，30（3）：241-245.

[32] 罗元华，张梁，张业成. 地质灾害风险评估方法 [M]. 北京：地质
出版社，1998.

[33] 潘耀忠，史培军. 区域自然灾害系统基本单元研究 Ⅰ：理论部分
[J]. 自然灾害学报，1997（4）：1-9.

[34] 彭满华，张海顺，唐祥达. 滑坡地质灾害风险分析方法 [J]. 岩土工
程技术 2001（4）：235-240.

[35] 任鲁川. 自然灾害综合区划的基本类别及量化方法 [J]. 自然灾害学
报，1999，8（4）：41-48.

[36] 阮沈勇，黄润秋. 基于 GIS 的信息量法模型在地质灾害危险性区划中
的应用 [J]. 成都理工学院学报，2001，28（1）：89-92.

[37] 沈芳，黄润秋，苗放，等. 地理信息系统与地质环境评价 [J]. 地质
灾害与环境保护，2000，11（1）：6-10.

[38] 沈芳. 山区地质环境评价与地质灾害危险区划的 GIS 系统 [D]. 成
都：成都理工大学，2000.

[39] 宋关福，钟耳顺. WebGIS——基于 Internet 的地理信息系统 [J]. 中
国图像图形学报，1998（3）：251-254.

[40] 宋关福，钟耳顺. 组件式地理信息系统研究与开发 [J]. 中国图像图
形学报，1998，3（4）：313-317.

[41] 万国荣，石豫川，王哲. SMR 法在公路边坡稳定性分级中的应用
[J]. 公路交通技术，2004（2）：7-10.

[42] 邬伦. 地理信息系统：原理、方法和应用 [M]. 北京：科学出版
社，2001.

[43] 吴信才. 地理信息系统的设计与实现 [M]. 北京：电子工业出版
社，2002.

[44] 向喜琼. 金沙江溪洛渡水电站近坝岸边坡地质灾害评价与预测的 GIS
系统 [D]. 成都：成都理工大学，2000.

[45] 张海荣. GIS 中数据不确定性研究综述 [J]. 徐州师范大学学报（自

然科学版），2001，19（4）：66-68.

［46］ 张华杰，袁国斌，墙芳躅．滑坡预测与风险评价专家系统［J］．地学前沿，1996（1）：105-109.

［47］ 张业成，张春山，张梁．中国地质灾害系统层次分析与综合灾度计算［J］．地球学报，1993（z1）：139-154.